U0789502

[三國]何晏注 [宋]邢昺疏

古本十三經注疏

論語註疏

上海古籍出版社

上海古籍出版社據中國國家圖書館藏元刻明修本影印

古本十三經注疏

論語註疏

[三國]何晏注 [宋]邢昺疏

上海古籍出版社

上海古籍出版社據中國國家圖書館藏元刻明修本影印

影印古本十三經注疏序

李致忠

清阮元在《重刻宋板十三經注疏總目錄》後跋中曰：「右《十三經注疏》，共四百十六卷……逮兩宋刻本浸多。有宋十行本注疏者，即南宋岳珂《九經三傳沿革例》所載建本附音注疏也。其書刻於宋南渡之後，由元入明，遞有修補。至明正德中，其板猶存，是以十行本為諸本最古之冊。」意謂南宋閩刻十行《十三經注疏》本，為經書注疏諸本中最古之本。

阮元是清代乾嘉時期的飽學之士，又曾作《十三經校勘記》，並以所藏宋十行本《十三經注疏》刻於南昌府學，嘉惠學林，影響深遠。但上引文字中，亦不免錯訛之處。「有宋十行本注疏者，即南宋岳珂《九經三傳沿革例》所載建本附音注疏也」所引之文以及所作出的判斷無誤，但認為《九經三傳沿革例》的作者乃南宋岳飛之孫岳珂，則是沿襲舊說，以訛傳訛。《刊正九經三傳沿革例》的荊溪岳氏家塾主人的確說過：「今以家塾所藏唐石刻本、晉天福銅版本、京師大字舊本、紹興初監本、監中見行本……。又以越中舊本注疏、建本有音釋注疏、蜀注疏，合二十三本，專屬本經名士，反復參訂，始命良工入梓。」但說這話的人已絕非岳飛之孫岳珂，而是岳飛的九世孫岳浚。也就是說，岳浚在校刻群經過程中曾經參校過多種版本，其中就有「建本有音釋注疏」本。而這個「有音釋」的注疏本，便是指福建建陽書坊劉叔剛所刻之「附釋音」的注疏十行本。

阮氏在《重刻宋版十三經注疏總目錄》後跋中又曰「是以十行本為諸本最古之冊」。這話也不符合歷史事實。

南宋光宗紹熙三年（一一九二），兩浙東路茶鹽司提舉黃唐刊竣《禮記正義》後，在該書卷末留下一篇跋文，曰：「六經疏義，自京監、蜀本皆省正文及注，又篇章散亂，覽者病焉。本司舊刊《易》、《書》、《周禮》，正經、注、疏萃見一書，便於披繹，它經獨闕。紹熙辛亥仲冬，唐備員司庾，遂取《毛詩》、《禮記》疏義，如前三經編匯，精加讎正，用鋟諸木，庶廣前人之所未備。乃若《春秋》一經，顧力未暇，姑以貽同志云。壬子秋八月，三山黃唐謹識。」這篇跋文可以說明如下幾個問題：

一是流行的《六經》疏義，從京中國子監本，到蜀中刻本，都是將經文及注文省去，只是單疏流行，加上篇章散亂，覽者皆以為不便；二是本茶鹽司面對這種狀況，從便於讀者披閱的角度出發，舊時便刊印了《易》、《書》、《周禮》三經經、注、單疏的合刻之本，以便披繹，可是這三經以外的其它經書尚付闕如；三是紹熙二年（一一九一）辛亥仲冬，黃唐提舉兩浙東路茶鹽司，繼承本司固有傳統，又將《毛詩》和《禮記》如前三經一樣進行編匯，校勘梓行，以增廣本司舊日所未竟的事業；四是關於《春秋》一經，顧力未暇，只好留給有同樣志趣的來者。總共一百一十六字的跋文，將本司為什麼要合刻經、注、單疏，舊時刻了幾經，他來提舉茶鹽司又刻了幾經，哪一經留待來者完成，都交代得十分清楚。關於本司舊刊的《易》、《書》、《周禮》經、注、單疏合刻之本到底舊到什麼時候，今人經過仔細考證，已斷定在南宋高宗紹興（一一三一—一一六二）年間，也就是南宋初期。

黃唐字雍父，一字信厚，三山人，又題長樂（今福州）人。淳熙四年（一一七七）太學兩優釋褐，授迪功郎、

太學錄。《南宋館閣續錄》卷八載黃唐於淳熙十年（一一八三）七月除為校書郎，十二年（一一八五）二月除為秘書郎，十三年（一一八六）正月除為著作佐郎，十五年（一一八八）三月除為著作郎，十六年（一一八九）八月知南康軍，慶元二年（一一九六）六月以考功郎中兼實錄院檢討官，中間空了紹熙五年間不明去向。此處所題他於紹熙二年提舉兩浙東路茶鹽司，尚可補其行實之闕。

黃唐欲刻而「顧力未暇」的《春秋左傳正義》，八年後，即慶元六年（一二〇〇），由紹興府知府沈作賓完成了。沈氏在《春秋左傳正義》刻書跋中稱：「竊惟《春秋》一經，褒善貶惡，正名定分，萬世之權衡也。筆削淵奧，雖未易測知，然而左氏《傳》、杜氏《集解》、孔氏《義疏》發揮聖經，功亦不細。萃為一書，則得失盈衰之際與夫諸儒之說是非異同，昭然具見。此前人之雅志，繼其後者庸可已乎？遂卒成之。諸經正義既刊於倉臺，而此書復刊於郡治，合五為六，炳乎相輝，有補後學，有禆教化，遂為東州盛事。」至此，從南宋高宗紹興年間起，到寧宗慶元末的半個多世紀中，由兩浙東路茶鹽司完成了《易》、《書》、《毛詩》、《周禮》、《禮記》五經經、注、單疏合刻的任務，而《春秋左傳正義》一經的經、注、單疏合刻任務，則由當時紹興府知府沈作賓完成。作賓字賓王，吳興歸安人。以父任入仕，初監饒州永平監，歷江西提刑司檢法官，入為大理評事。改秩，通判紹興府，秩滿知台州，有政聲。寧宗慶元初，由淮南轉運判官，直華文閣，擢太府少卿，總領淮東軍馬錢糧，繼升為卿。尋除直龍圖閣，帥浙東，知紹興府。因知沈作賓知紹興府，確在慶元中，所寫上述《春秋左傳正義》刻書跋，可信而無疑。兩浙東路茶鹽司的官署在紹興，紹興府治所也在紹興，紹興古稱越州，故這六經就有了「越州本六經」之稱。「越州本六經」是經、注、單疏合刻的開山之作，不但是經學發展史上的大事，也是出版

史上的創舉。此經、注、疏合刻本六經，只有《毛詩注疏》失傳，其餘五經仍在天壤間，今均藏中國國家圖書館。它們才是諸經注疏本中「最古之冊」，十行本絕非最古。十行本只是在經、注、單疏合刻的基礎上又綴以音釋，因而成了附釋音十三經注疏本。

書肆坊主最具出版方式創新和市場需求的敏感，某種出版方式最能贏得讀者，他們很快就能抓在自己手裡，並經過添枝加葉，形成自己的賣點效應。閩建劉叔剛鐫刻附釋音經、注、單疏合刻諸經，應當就是在兩浙東路茶鹽司經、注、疏合刻六經的啓迪之下實施的。

方彥壽在《文獻》雜誌一九八八年第二期《建陽劉氏刻書考》（上）說：「劉叔剛，名中正，字叔剛，貞房第十世孫。」方氏之所以這麼說，是因為它讀到了建陽麻沙元、利二房合修的《劉氏族譜》和書坊《貞房劉氏宗譜》。前者重修於清光緒六年（一八八〇）庚辰，後者又稱《建州劉氏忠賢傳》，重修於民國九年（一九二〇）。據元葉留《為政善報事類》卷四所載，劉氏始祖劉翱，唐京兆萬年（今陝西臨潼）人，「以鎮守建州，因居建之建陽。居官廉潔，獄無留訟，所至以陰德為先。」《建州劉氏忠賢傳》卷一《開國公翱傳》進一步說翱「於唐昭宗乾寧六年（八九六）鎮守建州，領散騎常侍……時中原擾攘，公以榮祿大夫、彭城郡開國公致仕，遂與妻兄蔡長官爐、妹夫翁節度部、弟金吾將軍翔、將作監鹵，渡江入閩，各擇地而居。」卜居麻沙，號西族北派；鹵卜居建陽馬伏，號西族南派；翔卜居崇安五夫，號東族。翱為劉氏西族北派始祖。生有四子，曰曉、曰暐、曰曄、曰曝，分為元、亨、利、貞四房。劉書剛乃是貞房第十世孫。若以二十五年為一輩計算，當從唐乾寧六年後推二百五十年，時當南宋紹興十六年（一一四六）前後劉叔剛可能纔出生，而從事刻書出版業，則更當在南宋孝

宗淳熙至寧宗慶元前後。其仿效兩浙東路茶鹽司並添加音釋刻印附釋音諸經注疏，亦當在這個歷史時段。民國三十年（一九四一），傅增湘曾從北京琉璃廠王文進文祿堂借閱宋劉叔剛刊本《大易粹言》，並在《藏園群書經眼錄》卷一加以著錄曰：「宋刊本，半葉十二行，行二十二字，細黑口，左右雙欄。序後有牌子，楷書二行，文曰『建安劉叔剛宅刻梓』。有曾穜序，淳熙二年九月；伊川易傳序；白雲先生易說序，紹興辛未郭雍；程九萬跋，淳熙四年；西秦李祐知跋。序跋皆十行十六字。按：此松江韓氏藏書，有咸豐己未韓應陛小字跋數行。辛巳十二月十三日，文祿堂取閱。」證明南宋淳熙初年，劉叔剛確已開始了刻書出版事業。

劉叔剛是否遍刻十三經注疏，不得而知。明黃佐《南雍志》卷十八《經籍考》曰：「《十三經注疏》刻於閩者，獨闕《儀禮》，以楊復《圖說》補之。嘉靖五年（一五二六），巡撫都御史陳鳳梧刻於山東，以板送監。」這裡的「《十三經注疏》刻於閩者」，指的絶非李元陽任福建監察御史時所刻的《十三經注疏》，因為陳鳳梧在山東補刻楊復《儀禮圖》的那一年是嘉靖五年（一五二六），這一年李元陽才剛中進士，遠未做閩中監察御史，尚未刻《十三經注疏》，所以此處之「《十三經注疏》刻於閩者」，指的應當是劉叔剛所刻的附釋音注疏本。果如是，則劉氏至少刻了十二經，只闕《儀禮注疏》一經。而《儀禮注疏》之闕，尚不能肯定因劉氏未刻而「獨闕」，還是已刻散逸而「獨闕」。

明丘濬《大學衍義補》卷九十四有一段議論：「臣於此又有一見，今世學校所誦讀，人家所收集者，皆宋以後之五經，唐以前之注疏，講學者不復習，好書者不復藏，尚幸《十三經注疏》板本尚存於福州府學，好學之士猶得以考見秦漢以來諸儒之說。臣願特敕福建提學憲臣，時加整葺，使無損失，亦存古之一事也。餘如《儀禮經傳通解》等書刻板在南監者，亦宜時為備補。」丘氏之書成於明孝宗弘治初年，即十五世紀末葉，表明他在寫此書時尚有《十三經注疏》存於福州府學。存的究竟是《十三經注疏》成書還是板片，從他所說「時加整葺，使無損失」看，應該指的是《十三經注疏》的版片。證明直到明代弘治年間（一四八八—一五〇五），劉叔剛所刻或元代所翻刻的附釋音《十三經注疏》版片仍存在福州府學。

劉叔剛所刻附釋音《十三經注疏》，後世被很多人說成宋本已無，所有者幾乎都已是元刻明修本。這也不太符合歷史事實。現將宋劉叔剛所刻附釋音《十三經注疏》迄今仍留存於世者，介紹如次。

嚴紹璗《日藏漢籍善本書錄》「經部·詩類」著錄日本足利學校遺跡圖書館藏有「《附釋音毛詩注疏》二十卷，（漢）鄭玄箋，（唐）孔穎達等疏，宋建安劉叔剛一經堂刊本。日本重要文化財」。又曰：此本「每半葉有界十行，行十八字，小字雙行，行二十三字，線黑口」。又曰：「卷中《序》後刊有篆文木記『劉氏文府』（方形）、『叔剛』（鐘形）、『桂軒』（鼎形）、『弌經堂』（方形）。」又曰：書中「凡玄、炫、驚、弘、殷、慇、匡、筐、恒、貞、禎、徵、讓、勗、桓、媾、購、溝、講、慎、惇、敦等字皆缺筆」。綜合上述原書所存的這些客觀表徵，定其為「宋建安劉叔剛一經堂刻本」，可信而無疑。其付梓上板時間大約當在南宋光宗一朝，因為「惇」、「敦」已經避諱。

中國國家圖書館收藏一部《附釋音春秋左傳注疏》，版本著錄為「宋劉叔剛刻本」。如此著錄的依據，是本書序後鐫有「建安劉叔剛父鋟梓」長方形隸書牌記，及鼎形「桂軒」、「藏書」，爵形「敬齋」、琴形「高山流水」木記。有如此確鑿的證據，定其為「宋劉叔剛刻本」無庸置疑。其版式行款為每半葉十行，行十七字，小

字雙行，行二十三字，細黑口，左右雙邊。有書耳。版心上方偶鐫字數。「慎」、「敦」等字缺末筆，顯避南宋孝宗趙眘、光宗趙惇嫌名之諱。只可惜國圖所藏僅存二十九卷（卷一至二十九），卷三十至六十今藏臺北故宮博物院。日本足利學校遺跡圖書館亦藏有此本，凡六十卷，二十五册，原日人藤原憲實舊藏。日本定為重要文化財。其版式行款，與中國國家圖書館所藏全同，版本著録為「宋建安劉叔剛一經堂刊本」。「慎」、「敦」、「郭」等缺筆避諱。表明劉叔剛一經堂刻附釋音《十三經注疏》時已届寧宗趙擴一朝。

中國國家圖書館還藏有《監本附音春秋穀梁注疏》二十卷，（晉）范甯集解，（唐）楊士勳疏。每半葉十行，行十七字，小字雙行，行二十三字，但書口卻被著録為「白口或黑口」，邊欄被著録為「左右雙邊」。有書耳。國家圖書館將其版本定為「宋刻元修本」。定其為「宋刻」者，因為其版式字體、行款字數，均與劉叔剛所刻上述兩經全同，定其為「元修」者，以其部分書口有的變成了白口，當屬元代再印時補板所造成的現象。

綜上可知，南宋劉叔剛所刻附釋音《十三經注疏》，就海内外而言，迄今至少尚有三種存世。如果加上國家圖書館所藏乾隆六十年（一七九五）和珅影刻之《附釋音禮記注疏》六十三卷，就是四種。原因是此本雖屬影刻，但卻完整保留了宋刻舊第，諸如序後亦鐫「建安劉叔剛宅鋟梓」長方牌記等。表明和珅影刻所依據的底本也是宋建安劉叔剛所刻。其版式行款也是每半葉十行，行十七字，小字雙行，行二十三字，細黑口，左右雙邊。清陳鱣《經籍跋文》中有一篇《宋本禮記注疏跋》，謂：「有書賈錢聽默，以所儲十行本重臨惠校，綴以原跋……聽默詭言惠（惠棟）校宋本，且僞用故家收藏印記，鬻諸長安貴客，以獻伯相和珅，遂屬其黨，復將毛本略校，影寫摹雕。後有珅跋，下用『致齋和珅』小印。又大學士章，又壓角印曰『子子孫孫其永寶之』。時乾隆六十年事。嘉慶三年，其家籍没，版已散亡，印本流傳甚少。」由此可知，宋劉叔剛所刻《附釋音禮記注疏》，乃吳中書賈售予京中貴客，貴客又進獻於和珅，和珅又令黨中之人略校毛本，而後「影寫摹雕」，版行於世。然事不過三年，和珅事發，籍没家産，書板隨之散亡，故此本乃成為絶版之本。和珅字致齋，原名善保，鈕祜禄氏，滿洲正紅旗人。這個本子雖是影宋刻，但不啻宋刻，至少是下宋版一等。

上述四經外，它如《周易兼義》、《附釋音尚書注疏》、《監本附音春秋公羊注疏》、《孝經注疏》、《論語注疏解經》、《孟子注疏解經》、《爾雅注疏》等，則可能都是元代翻刻劉氏閩本而成。其中尤其是《孝經注疏》九卷，其經序首葉版口下方鐫「泰定三年程瑞卿」、第二葉版口下方鐫「泰定丙寅英玉」。丙寅即泰定三年（一三二六），故其版本被定為「元泰定三年刻本」。北京市文物局所藏《十三經注疏》中的《孝經注疏》，與國圖所藏全同。軍科院軍事圖書資料館所藏《十三經注疏》中的《論語注疏解經》版口下方亦有「泰定四年程瑞卿刊」字樣，證明也是元泰定間所刻之本。這個信息十分重要，透露出元代翻刻宋劉叔剛附釋音《十三經注疏》時，可能就發生在元泰定年間（一三二四—一三二八）。

初，蒙古族只識弓馬，未遑文事。但隨著政權在全國的逐步確立，蒙古貴族統治者也逐漸認識到奪取政權靠武力，穩固政權卻要靠文治。因此自「太祖、太宗即知貴漢人，延儒生，講求立國之道」（明陳邦瞻《元史紀事本末序》）。太宗四年（一二三二），就曾採納耶律楚材建議，實行科舉考試，得東平楊英等四千零三十人，皆一時名士。後來廷議或以為非便，事復中輟。仁宗皇慶二年（一三一三），中書省再次提出實行科舉取士建議，並謂「專立德行明經科，以此取士，庶可得人」。十一月，仁宗下詔：「若稽三代以來，取士各有科目，要其本

末，舉人宜以德行為首，試藝則以經術為先，詞章次之，浮華過實，朕所不取。爰命中書參酌古今，定其條制。其以皇慶三年八月，天下郡縣舉其賢者能者，充賦有司。次年二月，會試京師，中選者朕將親策焉。」並規定「漢人、南人第一場明經，經疑二問……經義一道，各治一經，《詩》以朱氏為主，《尚書》以蔡氏為主，《周易》以程氏、朱氏為主。以上三經，兼用古注疏。《春秋》許用三傳及胡氏傳，《禮記》用古注疏，限五百字以上，不拘格律。」（明陳邦瞻《元史紀事本末》卷八《科舉學校之制》）其實，皇慶沒有三年，其三年已是延祐元年（一三一四）。泰定年間之所以遍翻宋劉叔剛一經堂所刻附釋音群經注疏，背景大概就是因為元代恢復科舉考試制度之後詔旨要用古注疏所促成。

元翻刻十行注疏本十三經，包括《周易兼義》九卷《音義》一卷《略例》一卷；《附釋音尚書注疏》二十卷；《附釋音毛詩注疏》二十卷；《附釋音周禮注疏》四十二卷；《儀禮注疏》五十卷；《附釋音禮記注疏》六十三卷；《附釋音春秋左傳注疏》六十卷；《監本附音春秋公羊注疏》二十八卷；《監本附音春秋穀梁注疏》二十卷；《孝經注疏》九卷；《論語注疏解經》二十卷；《孟子注疏解經》十四卷；《爾雅注疏》十一卷，凡十三經。就個人體會和理解，所謂翻刻大概有兩種情況：一種是依照底本的版式、行款、字數重新雕印，而不臨摹字體；一種是不僅照翻底本版式、行款、字數，字體也要依樣臨摹上版，元代遍翻宋劉叔剛附釋音《十三經注疏》，即屬後一種情況。翻刻本如果缺乏原底本相比勘，是很難發現它們之間細小差異的。北京大學張麗娟博士，依據現存宋劉叔剛所刻《附釋音毛詩注疏》、《附釋音春秋左傳注疏》及《監本附音春秋穀梁注疏》，與元代翻刻之此三經進行比較之後，發現有如下一些差異：一是兩者在內容體式、版刻行款、字體風格甚至某些字的特殊寫法等等，都非常相似，有很明顯的翻刻繼承關係。二是宋刻十行本版心皆為細黑口，版心上方不鐫大小字數，偶鐫字數，也只是本版總字數，不分大小，版心下方無刻工姓名；而元翻十行注疏本絕大多數變為白口，版心上方大多鐫本版大小字數，下方鐫刊工姓名；元翻十行本也偶有較粗黑口者，那是明代後印時補版的現象。三是宋刻十行本注文與釋文之間、疏文各段之間，皆以圓圈作為間隔標識，疏文與標目之間，則空一格，無任何符號標識；元翻十行本除在注文與釋文、疏文各段之間保持宋刻原式外，還在疏文標目與疏文正文之間，也加圓圈標識。四是元翻十行本與宋刊十行本最明顯的不同，在於元代翻刻時將許多宋刊時的繁體字，如國、無、後、禮、爾、實、稱、齊等字，改成了元代書鋪子，特別是閩建書鋪子常行的国、无、后、礼、尔、实、称、齐等簡體字。五是宋刻十行本中某些避諱字，元代翻刊時不再回避。另外尚有某些行款格式的微小變化。這些都是表面形式上的差異，不影響宋刻內容文字的主流。因此，在宋刊附音十行本《十三經注疏》存世極罕的情況下，收集元翻十行本附音《十三經注疏》的單行零種加以統一匯印，名之「古本十三經注疏」，恢復宋刻十行本的基本面貌，對推動經學深入研究將會是很有意義的。

阮元在《重刻宋板十三經注疏總目錄》跋文中嘗說：「元家所藏十行宋本，有十一經。雖無《儀禮》、《爾雅》，但有蘇州北宋所刻之單疏板本，為賈公彥、邢昺之原書。此二經更在十行本之前」。這裡且不說阮氏家藏十一種「十行宋本」是否都是宋本，單說在他於南昌府學重刊《十三經注疏》初成的嘉慶二十一年（一八一六）之前十年，張敦仁所刻之《儀禮注疏》五十卷已經行世，不知阮元為何不用。顧廣圻《思適齋集》卷七收有一篇顧氏代張存仁字古餘所寫的《重刻儀禮注疏序》，序中曾言：「《儀禮》經鄭注賈疏，前輩每言其文字多誤者，

予因遍搜各本而參稽之……比從元和顧千里行篋所見所用宋景德官本手校疏，凡正訛補脫，去衍乙錯，無慮數千百處，神明煥然，為之改觀。千里又用宋嚴州本校經及注，視嘉靖本尤勝。」嘉慶十一年丙寅（一八〇六），顧廣圻又寫了一篇《合刻儀禮注疏跋》，謂毛氏汲古閣所刻《十三經注疏》「非善本也。古餘先生合刻《儀禮注疏》……以宋本易之，而精校焉，熟讎焉，此所以善也」。可知張敦仁在顧廣圻協助下，於嘉慶十一年所刻之《儀禮注疏》，乃是精善之本，此次影印古本《十三經注疏》，便以此本替代阮元當年所用的單疏本。因為單疏畢竟缺注。

阮氏南昌府學所刻《十三經注疏》，於《爾雅》用的是宋刻邢昺單疏本，本子雖然早於元刻明修的注疏本，但畢竟缺少晉代郭璞注，不能不說是一大缺憾。其實阮元在校勘《爾雅》時，所用校本中已有《元槧爾雅注疏》十一卷本，但他認為該本分卷「極無理，閩本（明嘉靖李元陽閩刻《十三經注疏》本）正襲此……訛字極多，不勝指摘」，故捨而不用。然楊守敬《日本訪書志》卷三則謂「此本雕鏤精雅，元槧之極精者」。瞿鏞《鐵琴銅劍樓藏書目錄》卷七亦稱阮元「《校勘記》謂此書分卷無理，然後來所刻注疏本皆仍之」，並說此本「尚是宋刊舊式，明時修板時有訛字，元本輒勝於後來諸刻，少脫文改字之病，故世以此書為善本也」。足見阮元舍而不用之本，其優劣短長學者們看法並不完全一致。有鑑於此，此次影印古本《十三經注疏》時便採用了此本，以替換當年阮元南昌府學所刻《十三經注疏》中的單疏本。

為推動經學發展，一九四九年以來，特別是改革開放以來，宋刻八行越州本六經、附阮元校勘記的所謂宋刻十行本《十三經注疏》、明嘉靖李元陽閩中所刻《十三經注疏》、清武英殿刊本《十三經注疏》，乃至明萬曆北京國子監刊本《十三經注疏》等，前後都有人出版過。其中尤以附阮元校勘記的所謂宋刻十行本《十三經注疏》，被多家出版社一出再出，幾乎成為經學研究的主用之本。但阮元南昌府學所刻《十三經注疏》，畢竟是重刻之本，版式、體式、文字、內容等方面是否真的完全忠實於十行本，還是仍存錯訛差異，就目前所知尚缺乏總體的反映。一九九八年十二月，北京大學出版社出版了李學勤先生主編的《十三經注疏》整理本，李先生在這套書的《序》中說：「《十三經注疏》整理本，仍以阮本為基礎，而阮本並非最佳版本。」王鍔《三種禮記正義整理本平議》中也說：「鑒於阮元校刻本存在選擇底本不當，分卷無例，校對未精等不足，西北大學和上海古籍出版社於一九九二年共同發起成立了《新版十三經注疏》整理委員會，負責整理新版《十三經注疏》。」兩組整理人員都對阮氏《十三經注疏》提出了質疑。在這種情況下，最客觀的做法，就是摭拾現存宋刻十行本及元刻明修十行本各經，將之原樣影印出版，提供學者們去進行深入研究，從而得到新的經學研究成果。現將所要用以影印的《十三經注疏》底本開列如左：

《周易兼義》九卷　（唐）孔穎達撰。《易音》一卷，（唐）陸德明撰。《略例注》一卷，（唐）邢璹撰。元刻明修本。十行十八字，小字雙行二十四字，白口，左右雙邊。十冊。（案，為統一本叢書題名，《周易兼義》出版時改題《周易注疏》。）

《附釋音尚書注疏》二十卷　題（漢）孔安國傳。（唐）孔穎達疏。（唐）陸德明釋文。元刻明修本。十行十七字，小字雙行二十三字，白口，左右雙邊。四冊。

《附釋音毛詩注疏》二十卷　（漢）毛萇傳、鄭玄注。（唐）孔穎達疏。（唐）陸德明音義。元刻明修本。十

行十八字，白口，左右雙邊。十六冊。

《附釋音周禮注疏》四十二卷　（漢）鄭玄注。（唐）賈公彥疏。（唐）陸德明釋文。元刻明修本。十行十七字，小字雙行二十三字，黑口或白口，左右雙邊或四周單邊。二十四冊。

《儀禮注疏》五十卷　（漢）鄭玄注。（唐）賈公彥疏。清嘉慶十一年張敦仁刻本。十行十七字，小字雙行，行二十三字，白口，左右雙邊。二十冊。

《附釋音禮記注疏》六十三卷　（漢）鄭玄注。（唐）孔穎達疏。（唐）陸德明釋文。清乾隆六十年和珅影宋刻本。十行十七字，小字雙行二十三字，細黑口，左右雙邊。二十四冊。

《附釋音春秋左傳注疏》六十卷　（晉）杜預注。（唐）孔穎達疏。（唐）陸德明釋文。元刻明修本。十行十七字，小字雙行，行二十三字，白口，左右雙邊。三十二冊。

《監本附音春秋公羊注疏》二十八卷　（漢）何休注。（唐）徐彥疏。（唐）陸德明釋文。元刻明修本。十行十七字，小字雙行，行二十三字，白口，左右雙邊。十四冊。

《監本附音春秋穀梁注疏》二十卷　（晉）范甯注。（唐）楊士勛疏。宋刻元修本。十行十七字，小字雙行，行二十三字，白口或黑口，左右雙邊。四冊。

《孝經注疏》九卷　（唐）玄宗李隆基注。（宋）邢昺疏。元泰定三年刻本。十行十六字，小字雙行，行二十三字，白口，左右雙邊。一冊。

《論語注疏解經》二十卷　（三國魏）何晏注。（宋）邢昺疏。元刻明修本。十行十八字，小字雙行，行二十三字，白口，左右雙邊。十冊。（案，為統一本叢書題名，《論語注疏解經》出版時改題《論語注疏》。）

《孟子注疏解經》十四卷　（漢）趙岐注。題（宋）孫奭疏。元刻明修本。十行十八字，小字雙行，行二十三字，白口，左右雙邊。十四冊。（案，為統一本叢書題名，《孟子注疏解經》出版時改題《孟子注疏》。）

《爾雅注疏》十一卷　（晉）郭璞注。（宋）邢昺疏。元刻明修本。九行二十字，小字雙行，行二十字，黑口，左右雙邊。八冊。

論語註疏解經序

翰林侍講學士朝請大夫守國子祭酒上柱國賜紫金魚袋臣邢昺等奉　勑校定

序解

（疏）正義曰案漢書藝文志云論語者孔子應答弟子時人及弟子相與言而接聞於夫子之語也當時弟子各有所記夫子既卒門人相■輯而■纂故謂之論語然則夫子既終微言已絕弟子恐離居已後各生異見而聖言永滅故相與論撰因採時賢及古明王之語合成一法謂之論語也鄭（玄）云仲弓子游子夏等撰定論者綸也輪也理也次也撰也以此書可以經綸世務故曰綸也圓轉無窮故曰輪也蘊含萬理故曰理也篇章有序故曰次也羣賢集定故曰撰也鄭（玄）周禮註云答述曰語以此書所載皆仲尼應答弟子及時人之辭故曰語而在論下者必經論撰然後載之以示非妄謬也以其口相傳授故經焚書而獨存也漢興傳者則有三家魯論語者魯人所傳即今所行篇次是也常山都尉龔奮長信少府夏侯勝丞相韋賢及子（玄）成魯扶卿太子太傅夏侯建前將軍蕭望之並傳之各自名家齊論者齊人所傳別有問王知道二篇凡二十一篇其二十篇中章句頗多於魯論昌邑中尉王吉少府朱畸琅邪王卿御史大夫貢禹尚書令五鹿充宗膠東庸生並傳之唯王吉名家古論語者出自孔氏壁中凡二十一篇有兩子張篇次不與齊魯論同孔安國為傳後漢馬融亦註之安昌侯張禹受魯論于夏侯建又從庸生王吉受齊論擇善而從號曰張侯論最後而行於漢世禹以論授成帝後漢包咸周氏並為章句列於學官鄭（玄）就魯論張包周之篇章考之齊古為之註焉魏吏部尚書何晏集孔安國包咸周氏馬融鄭（玄）陳羣王肅周生烈之說并下已意為集解正始中上之盛行於世今以為主焉序者何晏次序傳授訓說之人乃已集解之意序為論語而作故曰論語序

敘曰漢中壘校尉劉向言魯論語二十篇皆孔子弟子記諸善言也太子太傅夏侯勝前將軍蕭望之丞相韋賢及子（玄）成等傳之（疏）敘曰至傳之○

正義曰此敘魯論之作及傳授之人也敘與序音義同曰者發語辭也案漢書百官公卿表云中壘校尉掌北軍壘門內外掌西域顏師古曰掌北軍壘門之內而又外掌西域劉向者高祖少弟楚元王之後辟彊之孫德之子字子政本名更生成帝即位更名向數上疏言得失以向為中壘校尉向為人簡易專精思於經術成帝詔校經傳諸子詩賦每一書已向輒條其篇目撮其指意錄而奏之著別錄新序此言魯論語二十篇皆孔子弟子記諸善言也蓋出於彼故何晏引之對文則直言曰言答述曰語散則言語可通故此論夫子之語而謂之善言也表又云太子太傅古官秩二千石傳云夏侯勝字長公東平人少好學為學精熟善說禮服徵為博士宣帝立太后省政勝以尚書授太后遷長信少府坐議廟樂事下獄繫再更冬會赦出為諫大夫上知勝素直復為長信少府遷太子太傅受詔撰尚書論語說賜黃金百斤年九十卒官賜冢塋葬平陵太后賜錢二百萬為勝素服五日以報師傅之恩儒者以為榮始勝每講授常謂諸生曰士病不明經術經術苟明其取青紫如俛拾地芥耳學經不明不如歸耕表又云前後左右將軍皆周末官秦因之位上卿金印紫綬漢不常置或有前後或有左右皆掌兵及四夷傳云蕭望之字長倩東海蘭陵人也好學齊詩事同縣后倉又從夏侯勝問論語禮服以射策甲科為郎累遷諫大夫後代丙吉為御史大夫左遷為太子太傅及宣帝寢疾選大臣可屬者引至禁中拜望之為前將軍元帝即位為弘恭石顯等所害飲鴆自殺天子聞之驚拊手為之卻食涕泣哀慟左右長子伋嗣為關內侯表又云相國丞相皆秦官金印紫綬掌丞天子助理萬機應劭曰丞承也相助也秦有左右高帝即位置一丞相十一年更名相國綠綬孝惠高后置左右丞相文帝二年一丞相哀帝元壽二年更名大司徒傳曰韋賢字長孺魯國鄒人也賢為人質朴少欲篤志於學兼通禮尚書以詩教授號稱鄒魯大儒徵為博士給事中進授昭帝時稍遷光祿大夫及宣帝即位以先帝師甚見尊重本始三年代蔡義為丞相封扶陽侯年七十餘為相五歲地節三年以老病乞骸骨賜黃金百斤罷歸加賜第一區丞相致仕自賢始年八十二薨謚曰節侯少子玄成字少翁復以明經歷位至丞相鄒魯諺曰遺子黃金滿籯不如一經玄成為相七年建昭三年薨謚曰共侯此四人皆傳魯論語

齊論語二十二篇其二十篇中章句頗多於魯論琅邪王卿及膠東庸生昌邑中尉王吉皆以教授

【疏】齊論

至敎授○正義曰此敘齊論語之興及傳授之人也齊論語凡二十二篇其二十篇篇名與魯論正同其篇中章句則頗多於魯論篇者積章而成篇徧也言出情鋪事明而徧者也積句以成章章者明也總義包體所以明情者也句必聯字而言句者局也聯字分疆所以局言者也琅邪膠東郡國名王卿天漢元年由濟南太守爲御史大夫庸生名譚生蓋古謂有德者也昌邑中尉者表云諸侯王高帝初置金璽盭綬掌治其國有太傅輔王內史治國民中尉掌武職丞相統衆官景帝中五年改丞相曰相成帝綏和元年省內史更名相治民如郡太守中尉如郡都尉傳云王吉字子陽琅邪皋虞人也少好學明經以郡吏舉孝廉爲郎補若盧右丞遷雲陽令舉賢良爲昌邑中尉此三人皆以齊論語敎授於人也

故有魯論有齊論 疏 故有魯論有齊論○正義曰此敘魯論齊論之作及傳述之人乃以此言結之也

魯共王時嘗欲以孔子宅爲宮壞得古文論語 疏 魯共至論語○正義曰此敘得古論之所由也嘗曾也壞毀也言魯共王時曾欲以孔子宅爲宮乃毀之於壁中故得此古文論語也傳曰魯共王餘景帝子程姬所生以孝景前二年立爲淮陽王前三年徙王魯二十八年薨謚曰共王初好治宮室壞孔子舊宅以廣其宮聞鍾磬琴瑟之音遂不敢復壞於其壁中得古文經傳即謂此論語及孝經爲傳也故漢武帝謂東方朔云傳曰時然後言人不厭其言又成帝賜翟方進策書云傳曰高而不危所以長守貴也是漢世通謂論語孝經爲傳以論語孝經非先王之書是孔子所傳說故謂之傳所以異於先王之書也言古文者科斗書也所謂倉頡本體周所用之以今所不識是古人所爲故名古文形多頭麤尾細狀腹團圓似水蟲之科斗故曰科斗也

齊論有問王知道多於魯論二篇古論亦無此二篇分堯曰下章子張問以爲一篇有兩子張凡二十一篇篇次不與齊魯論同 疏 齊論至魯論同○正義曰此辨三論篇章之異也齊論有問王知道多於魯論二篇所謂齊論語二十二篇也古論亦無此問王知道二篇非但魯論無之古論亦無也古論亦無此二篇而分堯曰下章子張問以爲一篇有兩子張凡二十一篇如淳曰分堯曰篇後子張問何如可以從政以下爲篇名曰從政其篇次又不與齊魯論同新論云文異者四百餘字

安

昌侯張禹本受魯論兼講齊説善者從之號曰張侯論爲世所貴包氏周氏章句出焉【疏】安昌侯至出焉○正義曰此言張禹擇齊魯論之善者從之爲世所重包周二氏爲章句訓説此張侯論語也傳曰張禹字子文河内軹人也從沛郡施讎受易王陽庸生問論語既皆明習舉爲郡文學久之試爲博士初元中立皇太子令禹授太子論語由是遷光祿大夫數歲出爲東平内史成帝即位徵禹以師賜爵關内侯給事中領尚書事河平四年代王商爲丞相封安昌侯爲相六歲乞骸骨就第建平二年薨謚曰節侯禹本受魯論於夏侯建又從庸生王吉受齊論故兼講齊説也傳又云始魯扶卿及夏侯勝王陽蕭望之韋玄成皆説論語篇第或異禹先事王陽後從庸生采獲所安最後出而尊貴諸儒爲之語曰欲爲論念張文由是學者多從張氏餘家寖微是其善者從之號曰張侯論爲世所貴之事後漢儒林傳云包咸字子良會稽曲阿人也少爲諸生昌魯詩論語舉孝廉除郎中建武中入授皇太子論語又爲其章句拜諫議大夫永平五年遷大鴻臚周氏不詳何人章句者訓解科段之名包氏周氏就張侯論爲之章句訓解以出其義理焉不言名而言氏者蓋爲章句之時義在謙退不欲顯題其名但欲傳之私族故直云氏而已若杜元凱集解春秋謂之杜氏也或曰以何氏諱咸故没其名但言包氏連言周氏耳

古論唯博士孔安國爲之訓解而世不傳至順帝時南郡太守馬融亦爲之訓説【疏】古論至訓説○正義曰此叙訓説古文論語之人也史記世家安國孔子十一世孫爲武帝博士時魯共王壞孔子舊宅壁中得古文虞夏商周之書及傳論語孝經悉還孔氏故安國承詔作書傳又作古文孝經傳亦作論語訓解釋詁云訓道也然則道其義釋其理謂之訓解以傳述言之曰傳以釋理言之曰訓解其實一也以武帝末年遭巫蠱事經籍道息故世不傳自此安國之後至後漢順帝時有南郡太守馬融亦爲古文論語訓説案後漢紀孝順皇帝諱保安帝之子也地理志云南郡秦置高帝元年更爲臨江郡五年復故景帝二年復爲臨江郡中二年復故屬荆州表云郡守秦官掌治其郡秩二千石景帝中二年更名太守傳云馬融字季長扶風茂陵人也爲人美辭貌有俊才博通經籍永初中爲校書郎陽嘉二年拜議郎梁商表爲從事中郎轉武都太守三遷南郡太守注孝經論語詩易尚

書三禮年八十八延壽九年卒於家漢末大司農鄭玄就魯論篇章考之齊古爲之註疏漢末至之註。正義曰言鄭玄亦爲論語之註也鄭玄字康成北海高密縣人師事馬融大司農徵不起居家教授當後漢桓靈時故云漢末註易尚書三禮論語尚書大傳五經緯候箋毛詩作毛詩譜破許慎五經異義針何休左氏膏肓發公羊墨守起穀梁廢疾可謂大儒作註之時就魯論篇章謂二十篇也復考校之以齊論古論擇其善者而爲之註註與注音義同近故司空陳羣太常王肅博士周生烈皆爲義說疏近故至義說。正義曰此叙魏時註說論語之人也年世未遠人已歿故是近故也司空古官三公也表云奉常秦官掌宗廟禮儀景帝中六年更名太常博士秦官掌通古今魏志云陳羣字長文潁川許昌人也太祖辟羣爲司空西曹屬文帝即位遷尚書僕射明帝即位進封潁陰侯頃之爲司空青龍四年薨王肅字子邕東海蘭陵人魏衛將軍太常蘭陵景侯甘露元年薨註尚書禮喪服論語孔子家語述毛詩註作聖證論難鄭玄周生烈燉煌人七録云字文逸本姓唐魏博士侍中此二人皆爲論語義說謂作註而說其義故云義說

前世傳授師說雖有異同不爲訓解中間爲之訓解至于今多矣所見不同互有得失疏前世至得失。正義曰將作論語集解故須言先儒有得失不同之說也據今而道往古謂之前世上教下曰傳下承上曰受謂張禹以上至夏侯勝以來但師資誦說而已寧說有異者同者皆不著篇簡以爲傳註訓解中間爲之訓解謂自古至今中間包氏周氏等爲此論語訓解有二十餘家故云至于今多矣以其趣舍各異故得失互有也今集諸家之善記其姓名有不安者頗爲改易名曰論語集解疏今集至集解。正義曰此叙集解之體例也今謂何晏時諸家謂孔安國包咸周氏馬融鄭玄陳羣王肅周生烈也集此諸家所說善者而存之示無勦說故各記其姓名註言包曰馬曰之類是也註但記其姓而此連言名者以著其姓所以名其人非謂名字之名也有不安者謂諸家之說於義有不安者也頗爲改易下言諸家之善則存而不改其不善者頗多爲改易之註首不言包曰馬曰及諸家說下言一曰者皆是何氏自下己意

改易先儒者也名曰論語集解者何氏註解既畢乃自題之也杜氏註春秋左氏傳謂之集解者謂聚集經傳爲之作解也此乃聚集諸家義理以解論語言同而意異也

光禄大夫關内侯臣孫邕

光禄大夫臣鄭沖散騎常侍中領軍安鄉亭侯臣曹羲侍中臣荀顗尚書駙馬都尉關内侯臣何晏等上

【疏】光禄至等上。○正義曰此叙同集解之人也表云大夫掌論議有太中大夫中大夫諫大夫皆無員多至數十人太初元年更名中大夫爲光禄大夫秩比二千石無印綬爵級十九曰關内侯顔師古曰言有侯號而居京畿無國邑孫邕字宗儒樂安青州人也晉書鄭沖字文和滎陽開封人也起自寒微卓爾立操魏文帝爲太子命爲文學累遷尚書郎出補陳留太守曹爽引爲從事中郎轉散騎常侍光禄勲表又云侍中散騎中常侍皆加官應劭曰入侍天子故曰侍中晉灼曰魏文帝合散騎中常侍爲散騎常侍也又曰所加或列侯將軍卿大夫將都尉尚書太醫太官令至郎中亡員多至數十人如淳曰將謂都郎將以下也自列侯下至郎中皆得有散騎及中常侍也又曰侍中中常侍得入禁中散騎並乘輿車顔師古曰並音步浪反騎而散從無常職也此言中領軍者表無文安鄉亭侯者不在爵級二十之數蓋漢末及魏置亭侯列侯之倫也曹羲沛國譙人魏宗室曹爽之弟荀顗字景倩荀彧之子詵之第也咸熙中爲司空表又云少府秦官屬官有尚書成帝建始四年初置尚書員五人駙馬都尉掌駙馬武帝初置秩比二千石顔師古曰駙副也非正駕車皆爲副馬一曰駙近也疾也何晏字平叔南陽宛人也何進之孫咸之子曹爽秉政以晏爲尚書又尚公主著述凡數十篇正義曰此五人共上此論語集解也

論語註疏解序終

論語註疏解經卷第一

學而第一　　何晏集解　　邢昺疏

【疏】正義曰自此至堯曰是魯論語二十篇之名及第次也當弟子論撰之時以論語爲此書之大名學而以下爲當篇之小目其篇中所載各記舊聞意及則言不爲義例或亦以類相從此篇論君子孝弟仁人忠信道國之法主友之規聞政在乎行德曰禮貴於用和無求安飽以好學能自切瑳而樂道皆人行之大者故爲諸篇之先既以學爲章首遂以名篇言人必須學也爲政以下諸篇所次先儒不無意焉當篇各言其指此不煩說第順次也一數之始也言此篇於次當一也

子曰學而時習之不亦說乎　馬曰子者男子之通稱謂孔子也王曰時者學者以時誦習之誦習以時學無廢業所以爲說懌　有朋自遠方來不亦樂乎　包曰同門曰朋　人不知而不慍不亦君子乎　慍怒也凡人有所不知君子不怒

【疏】子曰學而至君子乎○正義曰此章勸人學爲君子也子者古人稱師曰子子男子之通稱此言子者謂孔子子也曰者說文云詞也從口乙聲亦象口氣出也然則曰者發語詞也以此下是孔子之語故以子曰冠之或言孔子曰者以記非一人各以意載無義例也白虎通云學者覺也覺悟所未知也孔子曰學者而能以時誦習其經業使無廢落不亦說懌乎覺業稍成能招朋友有同門之朋從遠方而來與已講習不亦樂乎既有成德凡人不知而不怒之不亦君子乎言誠君子也君子之行非一此其一行耳故云亦也○註馬曰子者至悅懌○正義曰云子者男子之通稱者經傳凡敵者相謂皆言吾子或直言子稱師亦曰子是子者男子有德之通稱也云謂孔子者嫌爲他師故辨之公羊傳曰子沈子曰何休云沈子稱子冠氏上者著其爲師也不但言子曰者辟孔子也其不冠子者他師也然則書傳直言子曰者皆指孔子以其聖德著聞師範來世不須言其氏人盡知之故也若其他傳受師說後人稱其先師之言則以子冠氏上所以明其爲師也子公羊子子沈子之類是也若非己師而稱他有德者則不以子冠氏上直言某子若高子孟子之類是也云時者學者以時誦習之者皇氏以爲凡學有三時一身中時學記云發然後禁則扞格而不勝時過然後學則勤苦

亦難成故內則云十年出就外傳居宿於外學書計十有三年學樂誦詩舞勺十五成童舞象是也二年中時王制云春秋教以禮樂冬夏教以詩書鄭玄云春夏陽也詩樂者聲聲亦陽也秋冬陰也書禮者事事亦陰也互言之者皆以其術相成又文王世子云春誦夏弦秋學禮冬讀書鄭玄云誦謂歌樂也弦謂以絲播時陽用事則學之以聲陰用事則學之以事因時順氣於功易也三曰中時學記云故君子之於學也藏焉脩焉息焉遊焉是日日所習也言學者以此時誦習所學篇簡之文及禮樂之容日知其所亡月無忘其所能所以爲說懌也譙周云悅深而樂淺也一曰在內曰說在外曰樂言亦者凡外境適心則人心說樂可說可樂之事其類非一此學而時習有朋自遠方來亦說樂之事耳故云亦猶易云亦可醜也亦可喜也○註包曰同門曰朋○正義曰鄭玄註大司徒云同師曰朋同志曰友然則同門者同在師門以授學者也朋即羣黨之謂故子夏曰吾離羣而索居鄭玄註云羣謂同門朋友也此言有朋自遠方來者即學記云三年視敬業樂羣也同志謂同其心意所趣鄉也朋疏而友親朋來既樂友即可知故略不言也○註慍怒至不怒○正義曰云凡人有所不知君子不怒者其說有二一云古之學者爲已已得先王之道含章內映而他人不見不知而我不慍也一云君子易事不求備於一人故爲教誨之道若有人鈍根不能知解者君子恕之而不慍怒也

有子曰孔子弟子有若其爲人也孝弟而好犯上者鮮矣鮮少也上謂凡在已上者言孝弟之人必恭順好欲犯其上者少也不好犯上而好作亂者未之有也君子務本本立而道生本基也基立而後可大成孝弟也者其爲仁之本與先能事父兄然後仁道可大成

疏有子曰至本與○正義曰此章言孝弟之行也弟子有若曰其爲人也孝於父母順於兄長而好陵犯凡在已上者少矣言孝弟之人性必恭順故好欲犯其上者少也既不好犯上而好欲作亂爲悖逆之行者必無故云未之有也是故君子務脩孝弟以爲道之基基本既立而後道德生焉恐人未知其本何謂故又言孝弟也者其爲仁之本歟禮尚謙退不敢質言故云與也○註孔子弟子有若○正義曰史記弟子傳云有若少孔子四十三歲鄭玄曰魯人○註鮮少也○正義曰釋詁云鮮罕也故得爲少皇氏熊氏以爲上謂君親犯謂犯顏諫爭今案註云上謂凡在已上者則皇氏熊氏違背註意其義恐非也

子曰

[illegible]

有子曰

[illegible]

其為人也孝弟而好犯上者鮮矣

[illegible]

不好犯上而好作亂者未之有也君子務本本立而道生孝弟也者其為仁之本與

[illegible]

子曰

[illegible]

巧言令色鮮矣仁包曰巧言好其言語令色善其顏色皆欲令人說之少能有仁也疏
子曰巧言令色鮮矣仁○正義曰此章論仁者必直言正色
其若巧好其言語令善其顏色欲令人說愛之者少能有仁
也曾子曰馬曰弟子曾參吾日三省吾身為人謀而不
忠乎與朋友交而不信乎傳不習乎言凡所傳之事得無素不
講習而傳之疏曾子曰至習乎○正義曰此章論曾子省身慎行之事弟子曾參嘗曰吾每日三自省察己身
為人謀事而得無不盡忠心乎與朋友結交而得無不誠信
乎凡所傳授之事得無素不講習而妄傳乎以講貴盡忠朋
友主信傳惡穿鑿故曾子省慎之○註馬曰弟子曾參○正
義曰史記弟子傳云曾參南武城人字子輿少孔子四十六
歲孔子以為能通孝道故授之業作孝經死於魯子曰道千乘之國馬曰道謂為之政教
司馬法六尺為步步百為畝畝百為夫夫三為屋屋三為井
井十為通通十為成成出革車一乘然則千乘之賦其地千
成居地方三百一十六里有畸唯公侯之封乃能容之雖大
國之賦亦不是過焉○包曰道治也千乘之國者百里之國

也古者井田方里為井十井為乘百里之國適千乘也融依周禮包依王制孟子義疑故兩存焉敬事而
信包曰為國者舉事必敬慎與民必誠信節用而愛人包曰節用不奢侈國以民為本故愛
養之使民以時包曰作使民必以其時不妨奪農務疏子曰道至以時○正義曰此章論治大國
之法也馬融以為道謂為之政教千乘之國謂公侯之國方
五百里四百里者也言為政教以治公侯之國者舉事必敬
慎與民必誠信省節財用不奢侈而愛養人民以為國本作
事使民必以其時不妨奪農務此其為政治國之要也包氏
以為道治也千乘之國百里之國也夏即公侯殷周惟上公
也餘同○註馬曰道至存焉○正義曰以下篇子曰道之以
政故云道謂為之政教史記齊景公時有司馬田穰苴善用
兵周禮司馬掌征伐六國時齊威王使大夫追論古者兵法
附穰苴於其中凡一百五十篇號曰司馬法此六尺曰步至
成出革車一乘皆彼文也引之者以證千乘之國為公侯之
大國也云然則千乘之賦其地千成者以成出一乘千乘故
千成云居地方三百一十六里有畸者以方百里者一為方
十里者百方三百里者三三而九則為方百里者九合成方
十里者九百得九百乘也計千乘猶少百乘方百里者一也

不以此方百里者一六分破之每分得廣十六里長百里引而接之則長六百里廣十六里也半折之各長三百里將埤前三百里南西兩邊是方三百一十六里也然西南角猶缺方十六里者一也方十六里者一為方一里者二百五十六然鄙制方百里者為六分餘方一里者四百今以方一里者二百五十六埤西南角猶餘方一里者百四十四又復破而埤三百一十六里兩邊則每邊不復得半里故云三百一十六里有畸也云唯公侯之封乃能容之者案周禮大司徒云諸公之地封疆方五百里諸侯之地封疆方四百里諸伯之地封疆方三百里諸子之地封疆方二百里諸男之地封疆方百里此千乘之國居地方三百一十六里有畸伯子男自方三百而下則莫能容之故云唯公侯之封乃能容之云雖大國之賦亦不是過焉者坊記云制國不過千乘然則地雖廣大以千乘為限故云雖大國之賦亦不是過焉司馬法兵車一乘甲士三人步卒七十二人計千乘有七萬五千人則是六軍矣周禮大司馬序官凡制軍萬有二千五百人為軍王六軍大國三軍次國二軍小國一軍魯頌閟宮云公車千乘明堂位云封周公於曲阜地方七百里革車千乘及坊記與此文皆與周禮不合者禮天子六軍出自六鄉萬二千五百家為鄉萬二千五百人為軍地官小司徒云凡起徒役無過家一人是家出一人鄉為一軍此則出軍之常也天子六軍既出六鄉則諸侯三軍出自三鄉閟宮云公徒三萬者謂鄉之所出非千乘之衆也千乘者自謂計地出兵非徒三軍之車也二者不同故數不相合所以必有二法者聖王治國安不忘危故令所在皆有出軍之制若從王伯之命則依國之大小出三軍二軍一軍也若其前敵不服用兵未已則盡其境內皆使從軍故復有此計地出軍之法但鄉之出軍是正故家出一人計地所出則非常故成出一車以其非常故優之也包曰道治也者以治國之法不惟政教而已下云道之以德謂道德故易之但云道治也云千乘之國百里之國也者謂夏之公侯殷周上公之國也云古者井田方里為井者孟子云方里而井井九百畝是也云十井為乘百里之國適千乘也者此包以古之大國不過百里以百里賦千乘故計之每十井為一乘是方一里者十為一乘則方一里者百為十乘開方之法方百里者一為方十里者百每方十里者一為方一里者百其賦十乘方十里者百則其賦千乘地與乘數適相當故曰適千乘也云融依周禮包依王制孟子者馬融依周禮大司徒文以為諸公之地方五百里侯四百里以下也包氏依王制云凡四海之內九州州方千里州建百里之國三十七十里之國六十五十里之國百有二十凡二

百一十國也又孟子云天子之制地方千里公侯之制皆方百里伯七十里子男五十里包氏據此以爲大國不過百里不信周禮有方五百里四百里之封也馬氏言名包氏不言名者包氏避其父名也云義疑故兩存焉者以周禮者周公致太平之書爲一代大典王制者漢文帝令博士所作孟子者鄒人也名軻師孔子之孫子思治儒術之道著書七篇亦命世亞聖之大才也今馬氏包氏各以爲據難以質其是非莫敢去取於義有疑故兩存其說也○包曰作使至農務○正義曰云作使民必以其時者謂築都邑城郭也以都邑者人之聚也國家之藩衞百姓之保鄣不固則敗不脩則壞故雖不臨寇必於農隙備其守禦無妨農務春秋莊二十九年左氏傳曰凡土功龍見而畢務戒事也註云謂今九月周十一月龍星角亢晨見東方三務始畢戒民以土功事火見而致用註云大火心星次角亢見者致築作之物水昏正而栽註云謂今十月定星昏而中於是樹板幹而興作日至而畢註云日南至微陽始動故土功息若其門戶道橋城郭牆塹有所損壞則特隨壞時脩之故傳二十年左傳曰凡啓塞從時是也王制云用民之力歲不過三日周禮均人職云凡均力政以歲上下豐年則公旬用三日焉中年則公旬用二日焉無年則公旬用一日焉是皆重民之力而不妨奪農務也

子曰弟子入則孝出則悌謹而信汎愛衆而親仁行有餘力則以學文馬曰文者古之遺文疏子曰弟子至學文○正義曰此章明人以德爲本學爲末男子後生爲弟言爲人弟與子者入事父兄則當孝與弟也出事公卿則當忠與順也弟順也入不言弟出不言忠者互文可知也下孔子云出則事公卿入則事父兄孝經云事父孝故忠可移於君事兄弟故順可移於長是也謹而信者理兼出入言恭謹而誠信也汎愛衆者汎者寛博之語君子尊賢而容衆或博愛衆人也而親仁者有仁德者則親而友之能行已上諸事仍有閒暇餘力則可以學先王之遺文若徒學其文而不能行上事則爲言非行僞也註言古之遺文者則詩書禮樂易春秋六經是也

子夏曰賢賢易色孔曰子夏弟子卜商也言以好色之心好賢則善事父母能竭其力事君能致其身孔曰盡忠節不愛其身與朋友交言而有信雖曰未學吾必謂之學矣疏子夏曰至學矣○正義曰此章論生知美行之事賢賢易色者上賢謂好尚之

必謂之學矣 [illegible]

與朋友交言而有信雖曰未學吾 [illegible]

事父母能竭其力事君能致其身 [illegible]

[illegible]

仁行有餘力則以學文 [illegible]

子夏曰賢賢易色 [illegible]

[illegible]

也下賢謂有德之人易色也色女人也女有姿色男子悅之故經傳之文通謂女人爲色人多好色不好賢者能改易好色之心以好賢則善矣故曰賢賢易色也事父母能竭其力者謂小孝也言爲子事父雖未能不匱但竭盡其力服其勤勞也事君能致其身者言爲臣事君雖未能將順其美匡救其惡但致盡忠節不愛其身若童汪錡也與朋友交言而有信者謂與朋友結交雖不能切磋琢磨但言約而每有信也雖曰未學吾必謂之學矣者言人生知行此四事雖曰未嘗從師伏膺學問然此爲人行之美矣雖學亦不是過故吾必謂之學矣○註孔曰子夏弟子卜商○正義曰案史記仲尼弟子傳云卜商字子夏衛人也少孔子四十四歲孔子既沒居西河教授爲魏文侯師

子曰君子不重則不威學則不固孔曰固蔽也一曰言人不能敦重既無威嚴學又不能堅固識其義理主忠信無友不如己者過則勿憚改鄭曰主親也憚難也

疏子曰至憚改○正義曰此章勉人爲君子也君子不重則不威學則不固者其說有二孔安國曰固蔽也言君子當須敦重若不敦重則無威嚴又當學先王之道以致博聞強識則不固蔽也一曰固謂堅固言人不能敦重既

無威嚴學又不能堅固識其道理也明須敦重也主忠信者主猶親也言凡所親狎皆須有忠信者也無友不如己者言無得以忠信不如己者爲友也過則勿憚改者勿無也憚猶難也言人誰無過過而不改是謂過矣過而能改善莫大焉故苟有過無得難於改也

曾子曰慎終追遠民德歸厚矣孔曰慎終者喪盡其哀追遠者祭盡其敬君能行此二者民化其德皆歸於厚也

疏曾子曰至厚矣○正義曰此章言民化君德也慎終者終謂父母之喪也以死者人之終故謂之終執親之喪禮須謹慎盡其哀也追遠者遠謂親終既葬日月已遠也孝子感時念親追而祭之盡其敬也民德歸厚矣者言君能行此慎終追遠二者民化其德皆歸厚矣言不偷薄也

子禽問於子貢曰夫子至於是邦也必聞其政求之與抑與之與鄭曰子禽弟子陳亢也子貢弟子姓端木名賜亢怪孔子所至之邦必與聞其國政求而得之邪抑人君自願與之爲治子貢曰夫子溫良恭儉讓以得之夫子之求之也其諸異乎人之求之與

[illegible]

子曰君子不重則不威學則不固

[illegible]

主忠信無友不如己者過則勿憚改

[illegible]

曾子曰慎終追遠民德歸厚矣

[illegible]

子禽問於子貢曰夫子至於是邦也必聞其政求之與抑與之與

[illegible]

子貢曰夫子溫良恭儉讓以得之夫子之求之也其諸異乎人之求之與

鄭曰言夫子行此五德而得之與人求之異明人君自與之【疏】子禽至求之○正義曰此章明夫子由其有德與聞國政之事子禽問於子貢曰夫子至於是邦必聞其政求之與抑與之與者子禽疑怪孔子所至之邦必與聞其國之政事故問子貢曰此是孔子求於時君而得之與抑人君自願與夫子爲治與抑與皆語辭子貢曰夫子溫良恭儉讓以得之夫子之求之也其諸異乎人之求之與者此子貢答辭也敦柔潤澤謂之溫行不犯物謂之良和從不逆謂之恭去奢從約謂之儉先人後己謂之讓言夫子行此五德而得與聞國政他人則就君求之夫子則脩德人君自願與之爲治故曰夫子之求之也其諸異乎人之求之與諸與皆語辭○註鄭曰至爲治○正義曰云子禽弟子陳亢子貢弟子姓端木名賜者家語七十二弟子篇云陳亢陳人字子禽少孔子四十歲史記弟子傳云端木賜字子貢少孔子三十一歲云求而得之邪者邪未定之辭

子曰父在觀其志父沒觀其行孔曰父在子不得自專故觀其志而已父沒乃觀其行三年無改於父之道可謂孝矣孔曰孝子在喪哀慕猶若父存無所改於父之道【疏】子曰至孝矣○正義曰此章論孝子之行父在觀其志者在心爲志父在子不得自專故觀其志而已父沒觀其行者父沒可以自專乃觀其行也三年無改於父之道可謂孝矣者言孝子在喪三年哀慕猶若父存無所改於父之道可謂爲孝也

有子曰禮之用和爲貴先王之道斯爲美小大由之有所不行知和而和不以禮節之亦不可行也馬曰人知禮貴和而每事從和不以禮爲節亦不可行【疏】有子曰至行也○正義曰此章言禮樂爲用相須乃美禮之用和爲貴者和謂樂也樂主和同故謂樂爲和夫禮勝則離謂所居不和也故禮貴用和使不至於離也先王之道斯爲美者斯此也言先王治民之道以此禮貴和美禮節民心樂和民聲樂至則無怨禮至則不爭揖讓而治天下者禮樂之謂也是先王之美道也小大由之有所不行者由用也言每事小大皆用禮而不以樂和之則其政有所不行也知和而和不以禮節之亦不可行也者言人知禮貴和而每事從和不以禮爲節亦不可行也

有子曰信近於義言可復也復猶覆也義不必信信非義也以其言可反覆故曰近義恭近於禮

遠恥辱也恭不合禮非禮也以其能遠恥辱故曰近禮也因不失其親亦可宗也孔曰因親也言所親不失其親亦可宗敬

疏有子曰至宗也○正義曰此章明信與義恭與禮不同及人行可宗之事信近於義言可復也者復猶覆也人言不欺爲信於事合宜爲義若爲義事不必守信而信亦有非義者也言雖非義以其言可反復不欺故曰近義恭近於禮遠恥辱也者恭惟卑巽禮貴會時若巽在牀下是恭不合禮則非禮也恭雖非禮以其能遠恥辱故曰近禮因不失其親亦可宗也者因親也所親不失其親言義之與比也既能親仁比義不有所失則有知人之鑒故可宗敬也言亦者人之善行可宗敬者非一於其善行可宗之中此爲一行耳故云亦也○注義不必信信非義也正義曰云義不必信者若春秋晉士匄帥師侵齊聞齊侯卒乃還春秋善之是合宜不必守信也云信非義也者史記尾生與女子期於梁下女子不來水至不去抱柱而死是雖守信而非義也

子曰君子食無求飽居無求安鄭曰學者之志有所不暇敏於事而慎於言就有道而正焉可謂好學也已孔曰敏疾也有道有道德者正謂問事是非

疏子曰君子至也已○正義曰此章述好學之事君子食無求飽居無求安者言學者之志樂道忘飢故不暇求其安飽也敏於事而慎於言者敏疾也言當敏疾於所學事業則有成功說命曰敬遜務時敏厥脩乃來是也學有所得又當慎言說之就有道而正焉者有道謂有道德者正謂問其是非言學業有所未曉當就有道德之人正定其是之與非易文言曰問以辨之是也可謂好學也已者揔結之也言能行在上諸事則可謂之爲好學也

子貢曰貧而無諂富而無驕何如子曰可也孔曰未足多未若貧而樂富而好禮者也鄭曰樂謂志於道不以貧爲憂苦子貢曰詩云如切如磋如琢如磨其斯之謂與孔曰能貧而樂道富而好禮者能自切磋琢磨子曰賜也始可與言詩已矣告諸往而知來者孔曰諸之也子貢知引詩以成孔子義善取類故然之往告之以貧而樂道來荅以切磋琢磨

疏子曰至來者○正義曰此章言貧之與富皆當樂道自脩

也貧而無諂富而無驕何如者乎財曰貧佞說爲諂多財曰富傲逸爲驕言人貧多佞說富多傲逸若能貧無諂佞富不驕逸子貢以爲善故問夫子曰其德行何如子曰可也者此夫子答子貢也時子貢富志怠於學故發此問意謂不驕而爲美德故孔子抑之云可也言未足多未若貧而樂富而好禮者也者樂謂志於善道不以貧爲憂苦好謂閑習禮容不以富而倦略此則勝於無諂無驕故云未若言不如也子貢曰詩云如切如磋如琢如磨其斯之謂與者子貢知師勵己故引詩以成之此衛風淇澳之篇美武公之德也治骨曰切象曰磋玉曰琢石曰磨道其學而成也聽其規諫以自脩如玉石之見琢磨子貢言貧而樂道富而好禮其此能切磋琢磨之謂與子曰賜也始可與言詩已矣者子貢知引詩以成孔子義善取類故呼其名而然之告諸往而知來者者此言可與言詩之意諸之也謂告之往以貧而樂道富而好禮則知來者切磋琢磨所以可與言詩也

子曰不患人之不己知患不知人也

疏子曰不患人之不己知患不知人也○正義曰此章言人當責己而不責人凡人之情多輕易於知人而患人不知己故孔子抑之云我則不耳不患人之不己知但患己不能知人也

論語註疏解經卷第一

論語註疏解經卷第二

爲政第二　何晏集解　邢昺疏

疏 正義曰左傳曰學而後入政故次前篇也此篇所論孝敬信勇爲政之德也聖賢君子爲政之人也故以爲政冠於章首遂以名篇

子曰爲政以德譬如北辰居其所而衆星共之 包曰德者無爲猶北辰之不移而衆星共之

疏 子曰至共之○正義曰此章言爲政之要爲政以德者言爲政之善莫若以德德者得也物得以生謂之德淳德不散無爲化清則政善矣譬如北辰居其所而衆星共之者譬況也北極謂之北辰北辰常居其所而不移故衆星共尊之以況人君爲政以德無爲清靜亦衆人共尊之也○註包曰至共之正義曰案爾雅釋文云北極謂之北辰郭璞曰北極天之中以正四時然則極中也辰時也以其居天之中故曰北極以正四時故曰北辰漢書天文志曰中宮太極星其一明者泰一之常居也旁三星三公環之匡衛十二星藩臣皆曰紫宮

北斗七星所謂旋璣玉衡以齊七政斗爲帝車運於中央臨制四海分陰陽建四時均五行移節度定諸紀皆繫於斗是衆星共之也

子曰詩三百 孔曰篇之大數 一言以蔽之 包曰蔽猶當也 曰思無邪 包曰歸於正

疏 子曰至無邪○正義曰此章言爲政之道在於去邪歸正故舉詩要當一句以言之詩三百者言詩篇之大數也一言以蔽之者蔽猶當也古者謂一句爲一言詩雖有三百篇之多可舉一句當蓋其理也曰思無邪者此詩之一言魯頌駉篇文也詩之爲體論功頌德止僻防邪大抵皆歸於正故此一句可以當之也○註孔曰篇之大數○正義曰案今毛詩序凡三百一十一篇內六篇亡今其存者有三百五篇今但言三百篇故曰篇之大數

子曰道之以政 孔曰政謂法教 齊之以刑 馬曰齊整之以刑罰 民免而無恥 孔曰免苟免 道之以德 包曰德謂道德 齊之以禮有恥且格 格正也

疏 子曰至且格○正義曰此章言爲政以德之效也道之以政者政謂法教道謂化誘言化誘於民以法制教命也齊之以刑者齊謂齊整刑謂刑罰言道之以政而民不服者則齊整之以刑罰也

論語注疏解經卷第二

為政第二

子曰為政以德譬如北辰居其所而衆星共之

子曰詩三百一言以蔽之曰思無邪

子曰道之以政齊之以刑民免而無恥道之以德齊之以禮有恥且格

民免而無恥者免苟免也言君上化民不以德而以法制刑
罰則民皆巧詐苟免而心無愧恥也道之以德齊之以禮有
恥且格者德謂道德格正也言君上化民必以道德民或未
從化則制禮以齊整使民知有禮則安失禮則恥如此則民
有愧恥而不犯禮且能自脩而歸正也子曰吾十有五而志于學三十
而立有所成也四十而不惑孔曰不疑惑五十而知天命
孔曰知天命之終始六十而耳順鄭曰耳聞其言而知其微旨七十而從心
所欲不踰矩馬曰矩法也從心所欲無非法疏子曰至踰矩。正義曰此章明夫子隱聖
同凡所以勸人也吾十有五而志于學者言成童之歲識慮
方明於是乃志於學也三十而立者有所成立也四十而不
惑者志強學廣不疑惑也五十而知天命者命天之所稟受
者也孔子四十七學易至五十窮理盡性知天命之終始也
六十而耳順者順不逆也耳聞其言則知其微旨而不逆也
七十而從心所欲不踰矩者矩法也言雖從心所欲而不踰
越法度也孔子輒言此者欲以勉人志學而善始令終也孟懿子問孝孔曰魯大夫仲孫何忌諡

也子曰無違樊遲御子告之曰孟孫問孝於我
我對曰無違鄭曰恐孟孫不曉無違之意將問於樊遲故告之樊遲弟子樊須樊遲
曰何謂也子曰生事之以禮死葬之以禮祭之
以禮疏孟懿至以禮。正義曰此章明孝必以禮。孟懿子問孝者魯大夫仲孫何忌問孝道於孔子也子曰
無違者此夫子荅辭也言行孝之道無得違禮也樊遲御者
弟子樊須爲夫子御車也子告之曰孟孫問孝於我我對曰
無違者孟孫即懿子也孔子恐孟孫不曉無違之意而懿子
與樊遲友善必將問於樊遲故夫子告之樊遲曰何謂也者
樊遲亦未達無違之旨故復問曰何謂也子曰生事之以禮
死葬之以禮祭之以禮者此夫子爲言無違之事也生事之
以禮謂冬溫夏凊昏定晨省之屬也死葬之以禮謂爲之棺
椁衣衾而舉之卜其宅兆而安措之之屬也祭之以禮謂春
秋祭祀以時思之陳其簠簋而哀戚之之屬也不違此禮是
無違之理也不即告孟孫者初時意在簡略欲使思而得之
也必告樊遲者恐孟孫以爲從父之令是無違故既與別後
居於樊遲將使復告孟孫也○註孔子曰至諡也○正義曰

春秋定六年經書仲孫何忌如晉傳曰孟懿子往是知孟懿
子即仲孫何忌也謚法曰溫柔賢善曰懿○註鄭曰至樊須
正義曰案史記弟子傳曰樊須字
子遲齊人少孔子三十六歲也　孟武伯問孝子曰父
母唯其疾之憂　馬曰武伯懿子之子仲孫彘武謚也言孝子不妄為非唯疾病然後使父母憂
疏　孟武伯問孝子曰父母唯其疾之憂○正義曰此章言
孝子不妄為非也武伯懿子之仲孫彘也問於夫子為
孝之道夫子答之曰子事父母唯其疾病然後可使父母憂
之疾病之外不得妄為非法貽憂於父母也○註馬曰至父
母憂○正義曰案春秋懿子以哀十四年卒而武伯嗣哀公
十七年左傳曰公會齊侯於蒙孟武伯相武伯問於高柴曰
諸侯盟誰執牛耳季羔曰鄫衍之役吳公子姑曹發陽之役
衛石魋武伯曰然則彘也是武伯為懿子之子仲孫彘也謚
法剛強直理曰武　子游問孝　孔曰子游弟子姓言名偃　子曰今之孝者是
謂能養至於犬馬皆能有養不敬何以別乎　包曰
犬以守禦馬以代勞皆養人者一曰人之所養乃至於犬馬
不敬則無以別孟子曰食而不愛豕畜之愛而不敬獸畜之

疏　子游至別乎○正義曰此章言為孝必敬子游問孝者
弟子子游問行孝之道於孔子也子曰今之孝者是謂
能養者此下孔子為子游說須敬之事今之人所謂孝者是
唯謂能以飲食供養者也言皆無敬心至於犬馬皆能有養
不敬何以別乎者此為不敬之人作譬也其說有二一曰犬
以守禦馬以代勞皆能有以養人者但畜獸無知不能生敬
於人若人唯能供養於父母而不敬則何以別於犬馬乎一
曰人之所養乃至於犬馬同其飢渴飲之食之皆能有以養
之也但人養犬馬資其為人用耳而不敬此犬馬也人若養
其父母而不敬則何以別於犬馬乎言無以別明孝必須敬
也○註孔曰子游弟子姓言名偃○正義曰史記弟子傳曰
言偃吳人字子游少孔子四十五歲○註包曰至畜之○正
義曰云孟子曰者案孟子盡心篇孟子曰食而不愛豕交之
也愛而不敬獸畜之也趙岐註云人之交接但食之而不愛
若養豕也愛而不敬若人畜禽獸但愛而不能敬也引之以
證孝必須敬彼言豕交之此作豕畜之者所見本異或傳寫
誤　子夏問孝子曰色難　包曰色難者謂承順父母顏色乃為難　有事
弟子服其勞有酒食先生饌　馬曰先生謂父兄饌飲食也　曾

[illegible]

孟武伯問孝子曰父母唯其疾之憂

[illegible]

子游問孝子曰今之孝者是謂能養

[illegible]

至於犬馬皆能有養不敬何以別乎

[illegible]

子夏問孝子曰色難

[illegible]

有事弟子服其勞有酒食先生饌曾

是以爲孝乎馬曰孔子喻子夏服勞先食汝謂此爲孝乎未孝也承順父母顏色乃爲孝也疏子夏問至孝乎。正義曰此章言爲孝必須承順父母顏色也子夏問孝者弟子子夏問於孔子爲孝之道也子曰色難者言之也言承順父母顏色乃爲難也有事弟子服其勞有酒食先生饌曾是以爲孝乎者孔子又喻子夏服勞先食不爲孝也先生謂父兄饌飲食也曾猶則也言若家有勞辱之事或弟子或子服其勤勞有酒有食進與父兄飲食汝則謂是以爲孝乎言此未孝也必須承順父母顏色乃爲孝也子曰吾與回言終日不違如愚孔曰回弟子姓顏名回字子淵魯人也不違者無所怪問於孔子之言默而識之如愚退而省其私亦足以發回也不愚孔曰察其退還與二三子說釋道義發明大體知其不愚疏子曰至愚。正義曰此章美顏淵之德子曰吾與回言終日不違如愚者回弟子顏淵也違猶怪問也愚無智之稱孔子言我與回言終竟一日亦無所怪問於我之言默而識之如無知之愚人也退而省其私亦足以發回也不愚者言回既退還而省察其在私室與二三子說釋道義亦足以發明大體乃知其回也不愚。注孔曰至不愚。正義曰史記弟子傳云顏回者魯人也字子淵少孔子三十歲年二十九髮盡白蚤死子曰視其所以以用也言視其所行用觀其所由由經也言觀其所經從察其所安人焉廋哉人焉廋哉孔曰廋匿也言觀人終始安所匿其情疏子曰至廋哉。正義曰此章言知人之法也視其所以者以用也言視其所以行用觀其所由者由經也言觀其所經從察其所安者言察其所安處也人焉廋哉人焉廋哉者廋匿也焉安也言知人之法但觀察其終始則人安所隱匿其情哉再言之者深明情不可隱也子曰溫故而知新可以爲師矣溫尋也尋繹故者又知新者可以爲人師矣疏子曰溫故而知新可以爲師矣。正義曰此章言爲師之法溫尋也言舊所學得者溫尋使不忘是溫故也素所未知學使知之是知新也既溫尋故者又知新者則可以爲人師矣。注溫尋也。正義曰案中庸云溫故而知新鄭註云溫讀如燖溫之溫謂故學之熟矣後時習之謂之溫案左傳哀十二年公會吳于橐皋太宰嚭請尋盟子貢對曰盟可尋也亦可寒也賈逵註云尋溫也又有司徹云乃爇尸俎是燖爲溫也言人

舊學已精熟在後更習之猶若溫燖故食也子曰君子不器包曰器者各周其用至於君子
無所不施疏子曰君子不器。正義曰此章明君子之德也器者物象之名形器既成各周其用若舟楫以濟川
車輿以行陸反之則不能君子之德則不如器物各守一用言見幾而作無所不施也子貢問君
子子曰先行其言而後從之孔曰疾小人多言而行之不周疏子貢
問君子子曰先行其言而後從之。正義曰此章疾小人多言而行之不周也子貢問於夫子曰君子之德行何如夫子
荅之曰君子先行其言而後以行從之言行相副是君子也子曰君子周而不比孔曰
忠信爲周阿黨爲比小人比而不周疏子曰君子周而不比小人比而不周。正義曰
此章明君子小人德行不同之事忠信爲周阿黨爲比言君
子常行忠信而不私相阿黨小人則反是。註曰忠信爲周
。正義曰魯語文也子曰學而不思則罔包曰學不尋思其義則罔然無所得思
而不學則殆不學而思終卒不得徒使人精神疲殆疏子曰學至則殆。正義曰此章言

教學法也學而不思則罔者言爲學之法既從師學則自思其餘蘊若雖從師學而不尋思其義則罔然無所得也思而
不學則殆者言但自尋思而不往從師學終卒不得其義則徒使人精神疲勞倦殆子曰攻乎異
端斯害也已攻治也善道有統故殊塗而同歸異端不同歸也疏子曰攻乎異端斯害
也已。正義曰此章禁人雜學攻治也異端謂諸子百家之
書也言人若不學正經善道而治乎異端之書斯則爲害之
深也以其善道有統故殊塗而同歸異端則不同歸也。註
攻治至同歸。正義曰云善道有統故殊塗而同歸者正經
是善道也皆以忠孝仁義爲本是有統也四術爲教是殊塗
也皆以去邪歸正是同歸也異端之書則或粃糠堯舜戕毀
仁義是不同歸也殊塗同歸是易下繫辭文也子曰由誨汝知之乎孔曰弟子姓仲名由
字子路知之爲知之不知爲不知是知也疏子曰至知
也。正義曰此章明知也由誨汝知之乎者孔子以子路性
剛好以不知爲知故此抑之呼其名曰由我今教誨汝爲知
之乎此皆語辭知之爲知之不知爲不知者此誨辭
也言汝實知之事則爲知之實不知之事則爲不知此是真

[illegible]也若其知之反隱曰不知及不知妄言我知皆非知也。註孔曰至子路。○正義曰史記弟子傳云仲由字子路卞人也少孔子九歲子路性鄙好勇力志抗直冠雄雞佩猳豚陵暴孔子孔子設礼稍誘子路子路後儒服委質因門人請爲弟子

子張學干祿鄭曰弟子姓顓孫名師字子張干求也祿祿位也

子曰多聞闕疑慎言其餘則寡尤包曰尤過也疑則闕之其餘不疑猶慎言之則少過多見闕殆慎行其餘則寡悔包曰殆危也所見危者闕而不行則少悔言寡尤行寡悔祿在其中矣鄭曰言行如此雖不得祿亦同得祿之道

疏子張至中矣。正義曰此章言求祿之法子張學干祿者干求也弟子子張師事孔子學求祿位之法子曰多聞闕疑慎言其餘則寡尤者此夫子教子張求祿之法也尤過也寡少也言雖博學多聞疑則闕之尤須慎言其餘不疑者則少過也多見闕殆慎行其餘則寡悔者殆危也言雖廣覽多見所見危者闕而不行尤須慎行其餘不危者則少悔恨也言寡尤行寡悔祿在其中矣者言若少過行又少悔必得祿位設若言行如此雖遇不得祿亦同得祿之道。註鄭曰至位也

正義曰史記弟子傳云顓孫師陳人字子張少孔子四十八歲

哀公問曰何爲則民服包曰哀公魯君謚

孔子對曰舉直錯諸枉則民服包曰錯置也舉正直之人用之廢置邪枉之人則民服其上舉枉錯諸直則民不服

疏哀公至不服。正義曰此章言治國使民服之法哀公問曰何爲則民服者哀公魯君也問於孔子曰何所云爲則萬民服從也時哀公失德民不服從哀公患之故有此問孔子對曰舉直錯諸枉則民服者此孔子對以民服之法也錯置也舉正直之人用之廢置諸邪枉之人則民服其上也舉枉錯諸直則民不服者舉邪枉之人用之廢置諸正直之人則民不服上也於時羣邪秉政民心厭棄故以此對之也。註包曰哀公魯君謚。正義曰魯世家云哀公名蔣定公之子周敬王二十六年即位謚法云恭仁短折曰哀

季康子問使民敬忠以勸如之何孔曰魯卿季孫肥康謚

子曰臨之以莊則敬包曰莊嚴也君臨民以嚴則民敬其上孝慈則忠包曰君能上孝於親下慈於民則民忠矣舉善而

[illegible]

子張學干祿（鄭曰弟子姓顓孫名師字子張干求也祿祿位也）子曰多聞闕疑慎言其餘則寡尤（包曰尤過也疑則闕之其餘不疑猶慎言之則少過）多見闕殆慎行其餘則寡悔（包曰殆危也所見危者闕而不行則少悔）言寡尤行寡悔祿在其中矣（鄭曰言行如此雖不得祿亦同得祿之道）

【疏】[illegible]

哀公問曰何為則民服（包曰哀公魯君謚）孔子對曰舉直錯諸枉則民服舉枉錯諸直則民不服（包曰錯置也舉正直之人用之廢置邪枉之人則民服其上）

【疏】[illegible]

季康子問使民敬忠以勸如之何（孔曰魯卿季孫肥康謚）子曰臨之以莊則敬（包曰莊嚴也君臨民以嚴則民敬其上）孝慈則忠（包曰君能上孝於親下慈於民則民忠矣）舉善而教不能則勸 [illegible]

教不能則勸包曰舉用善人而教不能者則民勸勉疏季康至則勸○正義曰此章明
使民敬忠勸善之法季康子問使民敬忠以勸如之何者季
康子魯執政之上卿也時以僭濫故民不敬忠勸勉故問於
孔子曰欲使民人敬上盡忠勸勉爲善其法如之何子曰臨
之以莊則敬者此荅之也自上涖下曰臨莊嚴也言君臨民
以嚴則民敬其上孝慈則忠者言君能上孝於親下慈於民
則民作忠舉善而教不能則勸者言君能舉用善人置之祿
位教誨不能之人使之材能如此則民相勸勉爲善也於時
魯君蠶食深宮季氏專執國政則如君矣故此荅皆以人君
之事言之也○註魯卿季孫肥康謚○正義曰知
者據左傳及世家文也謚法云安樂撫民曰康或謂孔
子曰子奚不爲政包曰或人以爲居位乃是爲政子曰書云孝乎惟
孝友于兄弟施於有政是亦爲政奚其爲爲政
包曰孝乎惟孝美大孝之辭友于兄弟善於兄弟施行也所行有政道與爲政同疏或謂至爲政正義曰此章
言孝友與爲政同或謂孔子曰子奚不爲政者奚何也或有
一人亡其姓名謂孔子曰子既多才多藝何不居官爲政或

人以爲居位乃是爲政也子曰書云孝乎惟孝友于兄弟施
於有政者此周書君陳篇文引之以荅或人爲政之事彼云
王若曰君陳惟爾令德孝恭惟孝友于兄弟克施有政孔安
國云言其有令德善事父母行已以恭言善事父母者必友
于兄弟能施有政令其言與此小異此云孝乎惟孝者美此
孝之辭也友于兄弟者言善於兄弟也施行也行於此二者
即有爲政之道也是亦爲政奚其爲爲政者此孔子語也是
此也言此孝友亦爲政之道此外何事其爲爲政乎言所行
有政道即與爲政同不必居位乃是爲政子曰人而無信不知其可也孔曰
言人而無信其餘終無可大車無輗小車無軏其何以行之哉
包曰大車牛車輗者轅端橫木以縛軛小車駟馬車軏者轅端上曲鉤衡疏子曰至之哉○正義曰此章明信不
可無也人而無信不知其可也者言人而無信其餘雖有他
才終無可也大車無輗小車無軏其何以行之哉者此爲無
信之人作譬也大車牛車輗轅端橫木以縛軛駕牛領者也
小車駟馬車軏者轅端上曲鉤衡以駕兩服馬領者也大車
無輗則不能駕牛小車無軏則不能駕馬其車何以得行之
哉言必不能行也以喻人而無信亦不可行也○註包曰至

孝慈則忠 [illegible]

子奚不為政 [illegible] 子曰書云孝乎惟孝

友于兄弟施於有政 [illegible] 是亦為政奚其為為政

[illegible]

子曰人而無信不知其可也

大車無輗小車無軏其何以行之哉

[illegible]

鉤衡○正義曰云大車平地載任之車者冬官考工記車人爲車大車崇九尺鄭註云大車平地載任之車轂長半柯者也其駕牛故酒誥曰肇牽車牛遠服賈用故曰大車牛車也說文云輗大車轅端持衡者軏轅前也是輗者轅端横木以縛軛者也云小車駟馬車者考工記兵車田車乘車也皆駕駟馬故曰駟馬車也說文云軏車轅端持衡者考工記云國馬之輈深四尺有七寸註云馬高八尺兵車乘車軹崇三尺有三寸加軫與轐七寸又并此輈深則衡高八尺七寸也除馬之高則餘七寸爲衡頸之間是輈在衡上也轅從軫以前稍曲而上至衡則居衡之上而嚮下鉤之衡則横居輈下是轅端上曲鉤衡者名軏也

子張問十世可知也孔曰文質禮變子曰殷因於夏禮所損益可知也周因於殷禮所損益可知也馬曰所因謂三綱五常所損益謂文質三統其或繼周者雖百世可知也物類相召世數相生其變有常故可預知

疏子張至知也○正義曰此章明創制革命因沿損益之礼子張問十世可知也者弟子子張問於孔子夫國家文質禮變設若相承至於十世世數既遠可得知其禮乎子曰殷因於夏禮所

損益可知也周因於殷禮所損益可知也者此夫子答以可知之事言殷承夏后因用夏禮謂三綱五常不可變革故因之也所損益者謂文質三統夏尚文殷則損文而益質夏以十三月爲正爲人統色尚黑殷則損之益以十二月爲正爲地統色尚白也其事易曉故曰可知也周因於殷礼所損益可知也者言周代殷立而因用殷礼及所損益事亦可知也其或繼周者雖百世可知也者言非但順知既往兼亦預知將來時周尚存不敢斥言故曰其或言設或有繼周而王者雖多至百世以其物類相召勢數相生其變有常故皆可預知也○註馬曰至三統○正義曰云三綱五常者白虎通云三綱者何謂謂君臣父子夫婦也君爲臣綱父爲子綱夫爲妻綱大者爲綱小者爲紀所以張理上下整齊人道也人皆懷五常之性有親愛之心是以綱紀爲化若羅網有紀綱之而百目張也所以稱三綱何一陰一陽之謂道陽得陰而成陰得陽而序剛柔相配故人爲三綱法天地人君臣法天取象日月屈信歸功也父子法地取法五行轉相生也夫婦取象人合陰陽有施君羣也羣下之所歸心臣牽也事君也象屈服之形也父者矩也以度教子子者孳也孳孳無已也夫者扶也以道扶接婦者服也以礼屈服也云五常者仁義礼智信也白虎通云五性者何謂仁義礼智信也仁者不忍

子張問十世可知也子曰殷因於夏禮所損益可知也周因於殷禮所損益可知也

馬融曰所因謂三綱五常

其或繼周者雖百世可知也

好生愛人義者宜也斷決得中也礼者履也履道成文智者
知也或於事見微知著信者誠也專一不移故人生而應八
卦之體得五氣以爲常仁義禮智信是也云損益謂文質三
統者白虎通云王者必一質一文者何所以承天地順陰陽
陽道極則陰道受陰道極則陽道受明一陽三陰不能繼也
質法天文法地而已故天爲質地受而化之養而成之故爲
文尚書大傳曰王者一質一文據天地之道礼三正記曰質
法天文法地帝王始起先質後文者順天地之道本末之義
先後之序也事莫不先其質性乃後有其文章也夏尚黑殷
尚白周尚赤此之謂三統故書傳略說云天有三統物有三
變故正色有三天有三生三死故士有三王王特一生死又
春秋緯元命包及樂緯稽耀嘉云夏以十三月爲正息卦受
泰註云物之始其色尚黑以寅爲朔殷以十二月爲正息卦
受臨註云物之牙其色尚白以雞鳴爲朔周以十一月爲正
息卦受復其色尚赤以夜半爲朔又三正記云正朔三而改
文質再而復以此推之自夏以上皆正朔三而改地鄭註尚
書三帛高陽氏之後用赤繒高辛氏之後用黑繒其餘諸侯
用白繒如鄭此意郤而推之舜以十一月爲正尚赤堯以十
二月爲正尚白故曰其餘諸侯用白繒高辛氏以十二月爲
正尚黑故云高辛氏之後用黑繒高陽氏以十一月爲正尚

赤故云高陽氏之後用赤繒有少皡以十二月爲正尚白黄
帝以十三月爲正尚黑神農以十一月爲正尚赤女媧以十
二月爲王尚白伏羲以上未有聞焉易說卦云帝出乎震則
伏羲也建寅之月又未之始其三正當從伏羲以下文質再
而復者文質法天地文法天質法地周文法地而爲天正殷
質法而爲地正者正朔文質不相須正朔以三而改文質以
二而復各自爲義不相須也建子之月爲正者謂之天統以
天之陽氣始生爲百物得陽氣微稍動變故爲天統建丑之
月爲統者以其物已吐牙不爲天氣始動物又未出不得爲
人所施功唯在地中含養萌牙故爲地統建寅之月爲統者
以人物出於地人功當須脩理故謂之人統統者本也謂天
地人之本然王者必以此三月爲正者以其此月物生細微
又是歲之始生王者繼天理物含養微細又取其歲初爲正
朔之始既天地人之三者所繼不同故各改正朔不相襲也
所尚既異符命亦隨所尚而來故禮緯稽命徵云其天命以
黑故夏有玄圭天命以赤故周有赤雀銜書天命以白故殷
有白狼銜鉤是天之所命亦各隨人所尚符命雖逐所尚不
必皆然故天命禹觀河見白面長人洛予命云湯觀於洛沉
璧而黑龜與之書黃魚雙躍泰誓言武王伐紂而白魚入於
王舟是符命不皆逐正色也鄭康成之義自古以來皆改正

[illegible]

若孔安國則改正朔殷周二代故註尚書湯承堯舜禪代
之後革命創制故正易服是從湯始改正朔也。○註物類至
預知。○正義曰物類相召者謂三綱五常各以類相召因而
不變也云世數相生者謂文質三統及五行相次周而復始
而其世運有數相生變革也 子曰非其鬼而祭之諂也鄭曰人神曰鬼非其
祖考而祭之者是諂求福 見義不為無勇也孔曰義所宜為而不能為是無勇 疏
子曰至勇也。○正義曰此章言祭必已親勇必為義也非其
鬼而祭之諂也者人神曰鬼言君非已祖考而輒祭他鬼者
是諂媚求福也見其義不為無勇也者義宜也言義所宜為
而不能為者是無勇之人也。○註鄭曰至求福。○正義曰云
人神曰鬼者周礼大宗伯之職掌建邦之天神人鬼地示之
禮是人神曰鬼也左傳曰神不歆非類民不祀非族故非其
祖考而祭之者是諂求福也。○註孔子曰至無勇。○正義曰
若齊之田氏弒君夫子請討之是義所宜為也而魯君不能
為討是無勇也

論語註疏解經卷第二

論語注疏解經卷第二

子曰非其鬼而祭之諂也

見義不為無勇也

論語註疏解經卷第三

八佾第三　何晏集解　邢昺疏

疏 正義曰前篇論爲政爲政之善莫善禮樂禮以安上治民樂以移風易俗得之則安失之則危故此篇論禮樂得失也

孔子謂季氏八佾舞於庭是可忍也孰不可忍也馬曰孰誰也佾列也天子八佾諸侯六卿大夫四士二八人爲列八八六十四人魯以周公故受王者禮樂有八佾之舞季桓子僭於其家廟舞之故孔子譏之 疏 孔子至忍也○正義曰此章論魯卿季氏僭用禮樂之事

孔子謂季氏八佾舞於庭者謂者評論之稱季氏魯卿於時當桓子也佾列也舞者八人爲列八八六十四人桓子用此八佾舞於家廟之庭故孔子評論而譏之是可忍也孰不可忍也者此孔子所譏之語也孰誰也人之僭禮皆當罪責不可容忍季氏以陪臣而僭天子最難容忍故曰若是可容忍他人更誰不可忍也○註馬曰至譏之○正義曰孰誰釋詁文佾列書傳通訓也云天子八佾諸侯六大夫四士二者隱五年左傳文也云八人爲列八八六十四人者杜預何休說如此其諸侯用六者六六三十六人大夫四四四十六人士二二二四人服虔以用六爲六八四十八人大夫四爲四八三十二人士二爲二八十六人今以舞勢宜方行列既減即每行人數亦宜減故同何杜之說天子所以八佾者案隱五年左傳考仲子之宮將萬焉公問羽數於衆仲對曰天子用八諸侯用六大夫四士二夫舞所以節八音而行八風故自八以下杜預云唯天子得盡物數故以八爲列諸侯則不敢用八所謂八音者金石土革絲木匏竹也鄭玄云金鍾鎛也石磬也土塤也革鼓鼗也絲琴瑟也木柷敔也匏笙也竹管簫也所謂八風者服虔以爲八卦之風乾音石其風不周坎音革其風廣莫艮音匏其風融震音竹其風明庶巽音木其風清明離音絲其風景坤音土其風涼兌音金其風閶闔又易緯通卦驗云立春調風至春分明庶風至立夏清明風至夏至景風至立秋涼風至秋分閶闔風至立冬不周風至冬至廣莫風至是則天子之舞所以節八音而行八風故八佾也云魯以周公之故受王者禮樂有八佾之舞者此釋季氏所以得僭之由由魯得用之也案禮記祭統云昔者周公旦有勲勞於天下成王康王賜之以重祭朱干玉戚以舞大武

論語注疏解經卷第三

八佾第三　何晏集解　邢昺疏

〔疏〕正義曰前篇論為政為政之善莫善禮樂禮以安上治民樂以移風易俗安上治民莫善於禮移風易俗莫善於樂故此篇論禮樂得失也

孔子謂季氏八佾舞於庭是可忍也孰不可忍也馬曰孰誰也佾列也天子八佾諸侯六卿大夫四士二八人為列八八六十四人魯以周公故受王者禮樂有八佾之舞季桓子僭於其家廟舞之故孔子譏之〔疏〕孔子至忍也○正義曰此章論魯卿季氏僭用天子禮樂也孔子謂季氏者謂者評論之稱季氏魯卿於時當桓子也八佾舞於庭是可忍也孰不可忍也者佾列也舞者八人為列八佾六十四人天子之禮也季氏以陪臣而僭天子最難容忍故曰若是可容忍他人更誰不可忍也○注馬曰至譏之○正義曰云孰誰也釋詁文云佾列也書傳通訓也云天子八佾諸侯六卿大夫四士二者隱五年左氏傳文也云八人為列八八六十四人者服虔以用六為六八四十八人大夫四為四八三十二人士二為二八十六人杜預以為諸侯六六三十六人大夫四四十六人士二二四人夫舞所以節八音而行八風故必以八人為列八音金石絲竹匏土革木也八風者八方之風也乾音石其風不周坎音革其風廣莫艮音匏其風融震音竹其風明庶巽音木其風清明離音絲其風景坤音土其風涼兌音金其風閶闔云魯以周公故受王者禮樂有八佾之舞者禮記祭統云昔者周公旦有勳勞於天下周公既沒成王康王追念周公之所以勳勞者而欲尊魯故賜之以重祭外祭則郊社是也內祭則大嘗禘是也夫大嘗禘升歌清廟下而管象朱干玉戚以舞大武八佾以舞大夏此天子之樂也康周公故以賜魯也

八佾以舞大夏此天子之樂也重周公故以賜魯又明堂位曰命魯公世世祀周公以天子之禮樂是受王者禮樂也然王者禮樂唯得於文王周公廟用之若用之他廟亦爲僭也故昭二十五年公羊傳稱昭公謂子家駒曰吾何僭哉荅曰朱干玉戚以舞大夏八佾以舞大武此皆天子之禮也是昭公之時僭用他廟也云季桓子僭於家廟舞之故孔子譏之者案經但云季氏知是桓子者以孔子與桓子同時親見其事而譏之故知桓子也何休云僭齊也下效上之辭季氏陪臣也而效君於上故云僭也大夫稱家祭法大夫三廟此經又言於庭魯之用樂見於經傳者皆據廟中祭祀時知此亦僭於其家廟舞之故孔子譏之也

三家者以雍徹馬曰三家謂仲孫叔孫季孫雍周頌臣工篇名天子祭於宗廟歌之以徹祭今三家亦作此樂**子曰相維辟公天子穆穆奚取於三家之堂**包曰辟公謂諸侯及二王之後穆穆天子之容貌雍篇歌此者有諸侯及二王之後來助祭故也今三家但家臣而已何取此義而作之於堂邪

疏三家至之堂○正義曰此章譏三家之僭也三家者以雍徹者此弟子之言將論夫子所譏之語故先設此文以爲首引三家謂仲孫叔孫季孫雍周頌臣工

篇名天子祭於宗廟歌之以徹祭今三家亦作此樂以徹祭故夫子譏之子曰相維辟公天子穆穆奚取於三家之堂者此夫子所譏之語也先引詩文後言其不可取之理也相維辟公天子穆穆者此雍詩之文也相助也維辭也辟公謂諸侯及二王之後穆穆天子之容貌雍篇歌此者有諸侯及二王之後來助祭故也今三家但家臣而已何取此義而作之於堂乎○註馬曰至此樂○正義曰三孫同是魯桓公之後桓公適子莊公爲君庶子公子慶父公子叔牙公子季友仲孫是慶父之後叔孫是叔牙之後季孫是季友之後其後子孫皆以其仲叔季爲氏故有此氏並是桓公子孫故俱稱孫也至仲孫氏後世改仲曰孟孟者庶長之稱也言已是庶不敢與莊公爲伯仲叔季之次故取庶長爲始也云雍周頌臣工篇名者即周頌臣工之什第七篇也天子祭於宗廟歌之以徹祭者案周禮樂師云及徹帥學士而歌徹鄭玄云徹者歌雍又小師云徹歌鄭玄云於有司徹而歌雍是知天子祭於宗廟歌之以徹祭也今三家亦作此樂故夫子譏之也○註包曰至堂邪○正義曰云辟公謂諸侯及二王之後者此與毛傳同鄭玄以辟爲卿士公謂諸侯爲異餘亦同也云穆穆天子之容貌者曲禮云天子穆穆爾雅釋詁云穆穆美也是天子之容貌穆穆然美也云雍篇歌此者有諸侯及二王之

三家者以雍徹

子曰相維辟公天子穆穆

奚取於三家之堂

後來助祭故也者將言無諸侯及二王之後助祭則不可發也云今三家但家臣而已何取此義而作之於堂耶者卿大夫稱家家臣謂家相邑宰之屬來助祭耳何取此雍詩之義而奏作於堂耶耶誚辭魯用天子禮樂以雍徹由是三家僭之也

子曰人而不仁如禮何人而不仁如樂何 包曰言人而不仁必不能行礼樂 疏 子曰至樂何○正義曰此章言礼樂資仁而行也人而不仁如礼何人而不仁如樂何者如奈也言人而不仁奈此礼樂何謂必不能行礼樂也

林放問禮之本 鄭曰林放魯人 子曰大哉問禮與其奢也寧儉喪與其易也寧戚 包曰易和易也言礼之本意失於奢不如儉喪失於和易不如哀戚 疏 林放至寧戚○正義曰此章明礼之本意也林放問礼之本者林放魯人也問於夫子礼之本意如何子曰大哉問者夫子將荅礼本先嘆美之也礼之末節人尚不知林放能問其本其意非小故曰大哉問也礼與其奢也寧儉喪與其易也寧戚者此夫子所荅礼本也奢汰侈也儉約省也易和易也戚哀戚也與猶等也奢與儉易與戚等俱不合礼但礼不欲失於奢寧失於儉喪不欲失於易寧失於戚言礼之本意礼失於奢不如儉喪失於和易不如哀戚

子曰夷狄之有君不如諸夏之亡也 包曰諸夏中國亡無也 疏 子曰夷狄之有君不如諸夏之亡也○正義曰此章言中國礼義之盛而夷狄無也舉夷狄則戎蠻可知諸夏中國也亡無也言夷狄雖有君長而無礼義中國雖偶無君若周召共和之年而礼義不廢故曰夷狄之有君不如諸夏之亡也○註包曰諸夏中國○正義曰此及閔元年左氏傳皆言諸夏襄四年左傳魏絳云諸夷必叛華夏皆謂中國而謂之華夏者夏大也言有礼儀之大有文章之華也

季氏旅於泰山子謂冉有曰女弗能救與 馬曰旅祭名也礼諸侯祭山川在其封內者今陪臣祭泰山非礼也冉有弟子冉求時仕於季氏救猶止也 對曰不能 子曰嗚呼曾謂泰山不如林放乎 包曰神不享非礼林放尚知問礼泰山之神反不如林放邪欲誣而祭之 疏 季氏至放乎○正義曰此章譏季氏非礼祭泰山也季氏旅於泰山者旅祭名也礼諸侯祭山川在其封內者今陪臣祭泰山非礼也子謂冉有曰女弗能救與者冉有弟子冉求時仕於季氏故

王孫賈問曰與其媚於奧寧媚於竈何謂也

[illegible]

祭如在祭神如神在

[illegible]

子曰吾不與祭如不祭

[illegible]

馬曰倩笑貌盼動目貌絢文貌此上二 子曰繪事後素
句在衛風碩人之二章其下一句逸也
鄭曰繪畫文也凡繪畫先布衆色然後以素分布其 曰禮
閒以成其文喻美女雖有倩盼美質亦須礼以成之
後乎 孔曰孔子言繪事後素子夏聞而解知以素喻礼故曰礼後乎 子曰起予者商
也始可與言詩已矣 包曰予我也孔子言子夏能發明我意可與共言詩 疏
子夏至詩已矣○正義曰此章言成人須礼也子夏問曰巧
笑倩兮美目盼兮素以爲絢兮何謂也者倩笑貌盼動目貌
絢文貌此衛風碩人之篇閔莊姜美而不見荅之詩也言莊
姜既有巧笑美目倩盼之容又能以礼成文絢然素喻礼也
子夏讀詩至此三句不達其旨故問夫子何謂也子曰繪事
後素者孔子舉喻以荅子夏也繪畫文也凡繪畫先布衆色
然後以素分布其閒以成其文喻美女雖有倩盼美質亦須
礼以成之也曰礼後乎者此子夏語子夏聞孔子言繪事後
素即解其旨知以素喻礼故曰礼後乎子曰起予者商也始
可與言詩已矣者起發也予我也商子夏名孔子言能發明
我意者是子夏也始可與共言詩也○註馬曰至逸也○正
義曰云此上二句在衛風碩人之二章者案今毛詩碩人四

章章七句其二章曰手如柔荑膚如凝脂領如蝤蠐齒如瓠
犀螓首蛾眉巧笑倩兮美目盼兮是也云其下一句逸者今
毛詩無此一句故曰逸言亡逸也○註鄭曰至成之○正義
曰案考工記云畫繪之事雜五色下云畫繢之事後素功是
知凡繪畫先布衆色然後以素分布其閒以成其文章也 子曰夏禮吾能言之杞
不足徵也殷禮吾能言之宋不足徵也 包曰徵成也杞宋二
國名夏殷之後夏殷之礼吾能說之杞宋之君不足以成也 文獻不足故也足則
吾能徵之矣 鄭曰獻猶賢也我不以礼成之者以此二國之君文章賢才不足故也 疏
子曰至徵之矣○正義曰此章言夏商之後不能行先王之
礼也夏礼吾能言之杞不足徵也殷礼言之宋不足徵也者
徵成也杞宋二國夏殷之後也孔子言夏殷之礼吾能說
之但以杞宋之君闇弱不足以成之也文獻不足故也足則
吾能徵之矣者此又言不足徵之意獻賢也孔子言我不以
礼成之者以此二國之君文章賢才不足故也○註包曰至
成也○正義曰徵成釋詁文云杞宋二國名夏殷之後者樂
記云武王克殷下車而封夏后氏之後於杞封殷之後於宋

是也

子曰禘自既灌而往者吾不欲觀之矣孔曰禘祫之礼為序昭穆故毀廟之主及羣廟之主皆合食於太祖灌者酌鬱鬯灌於太祖以降神也既灌之後列尊卑序昭穆而魯逆祀躋僖公亂昭穆故不欲觀之矣

疏子曰禘自既灌而往者吾不欲觀之矣○正義曰此章言魯禘祭非礼之事禘者五年大祭之名灌者將祭酌鬱鬯於太祖以降神也既灌之後列尊卑序昭穆而魯逆祀躋僖公亂昭穆故孔子曰禘祭自既灌已往吾則不欲觀之也○註孔曰至觀之○正義曰云禘祫之礼為序昭穆故毀廟之主及羣廟之主皆合食於太祖者鄭玄云魯礼三年喪畢而祫於太祖明年春禘於羣廟自爾之後五年而再殷祭以遠主初始入祧新死之主又當與先君相接故礼因是而為大祭以審序昭穆故謂之禘禘者諦也言使昭穆之次審諦而不亂也祫者合也文二年公羊傳曰大祫者何合祭也其合祭奈何毀廟之主陳于太祖未毀廟之主皆升合食於太祖是也云灌者酌鬱鬯灌於太祖以降神者郊特牲云周人尚臭灌用鬯臭鬱合鬯臭陰達於淵泉灌以圭璋用玉氣也既灌然後迎牲致陰氣也鄭註云灌謂以圭瓚酌鬯始獻神也鬱鬱金草釀秬為酒煑鬱金草和之其氣芬芳調暢故曰鬱鬯言未殺牲先酌

鬱鬯酒灌地以求神於太祖廟也云既灌之後列尊卑序昭穆者言既灌地降神之後始列木主以尊卑陳列太祖前太祖東鄉昭南鄉穆北鄉其餘孫從王父父曰昭子曰穆昭取其鄉明穆取其北面尚敬三年一祫五年一禘禘祫所以異於祫者毀廟之主陳於太祖與祫同未毀廟之主則各就其廟而祭也云而魯逆祀躋僖公亂昭穆故不欲觀之者春秋文二年秋八月丁卯大事于太廟躋僖公公羊傳曰躋者何升也何言乎升僖公譏何譏爾逆祀也何休云升謂西上礼昭穆指父子近取法春秋惠公與莊公當同南面西上隱桓與閔僖亦當同北面西上繼閔者在下文公緣僖公於閔公為庶兄置僖公於閔公上失先後之義故譏之是知當閔在僖上今升僖先閔故云逆祀二公位次之逆非昭穆亂也此註云亂昭穆及魯語云將躋僖公宗有司曰非昭穆也弗忌曰我為宗伯明者為昭其次為穆何常之有如彼所言又似閔僖異昭穆者僖次之逆如昭穆之亂假昭穆以言之非謂異昭穆也若兄弟相代即異昭穆設今兄弟四人皆立為君則祖父之廟即已從毀知此理必不然故先儒無作此說以此逆祀失礼故孔子不欲觀之也

或問禘之說子曰不知也孔曰荅以不知者為魯諱知其說者之於天下

子曰：禘自既灌而往者，吾不欲觀之矣。

禘，子曰：不知也。知其說者之於天下

也其如示諸斯乎指其掌 包曰孔子謂或人言知禘禮之說者於天下之事如指示掌中之物言其易了 疏 或問至其掌。正義曰此章言諱國惡之禮也或問禘之說者或人問孔子禘祭之禮其說如何子曰不知也者孔子答言不知禘禮之說答以不知者爲魯諱諱國惡禮也若其說之當云禘之禮序昭穆時魯躋僖公亂昭穆說之則彰國之惡故但言不知也知其說者之於天下也其如示諸斯乎此者諸於也斯此也孔子既答或人以不知禘禮之說若不更說恐或人以爲已實不知無以明其諱國惡且恐後世以爲禘祭之禮聖人不知而致廢絕更爲或人言此也言我知禘禮之說者於天下之事中其如指示於此掌中之物言其易了也指其掌者此句弟子作論語時言也當時孔子舉一手伸掌以一手指之以示或人曰其如示諸斯乎弟子等恐人不知示諸斯謂指示何等物故著此一句言是時夫子指其掌也

祭如在 孔曰言事死如事生 祭神如神在 孔曰謂祭百神 子曰吾不與祭如不祭 包曰孔子或出或病而不自親祭使攝者爲之不致肅敬於心與不祭同 疏 祭如在至不祭。正義曰此章言孔子重祭禮祭如在者謂祭宗廟必致其敬如其親存言事死如事生也祭神如神在者謂祭百神亦如神之存在而致敬也子曰吾不與祭如不祭者孔子言我若親行祭事則必致其恭敬我或出或病而不自親祭使人攝代已爲之不致肅敬於心與不祭同。註謂祭百神。正義曰百神謂宗廟之外皆是言百神舉成數

王孫賈問曰與其媚於奧寧媚於竈何謂也 孔曰王孫賈衛大夫奧內也以喻近臣竈以喻執政賈執政者欲使孔子求昵之微以世俗之言感動之也 子曰不然獲罪於天無所禱也 孔曰天以喻君孔子拒之曰如獲罪於天無所禱於衆神 疏 王孫至禱也。正義曰此章言夫子守禮不求媚於人也王孫賈者衛執政大夫也問曰與其媚於奧寧媚於竈何謂也者媚趣鄉也奧內也謂室內西南隅也以其隱奧故尊者居之其處雖尊而閑靜無事以喻近臣雖尊不執政柄無益於人也竈者飲食之所由雖處卑褻爲家之急用以喻國之執政位雖卑下而執賞罰之柄有益於人也此二句世俗之言也言與其趣於閑靜之奧寧若趣於急用之竈以喻其求於無事之近臣寧若求於用權之執政王孫賈時執國政舉於二句佯若不達其理問於孔子曰何謂也欲使孔子求媚

親暱於已故微以世俗之言感動之也子曰得然獲罪於天無所禱也者孔子拒賈之辭也然如此也言我則不如世俗
之言也天以喻君獲猶得也我道之行否由於時君無求於衆臣如得罪於天無所禱於衆神**子曰周監**
於二代郁郁乎文哉吾從周孔曰監視也言周文章備於二代當從之
疏子曰至從周。正義曰此章言周之禮文猶備也周監於二代郁郁乎文哉者監視也二代謂夏商郁郁文章
貌言以今周代之禮法文章迴視夏商二代則周代郁郁乎有文章哉吾從周者言周之文章備於二代故從而行之也
子入太廟包曰太廟周公廟孔子仕魯魯祭周公而助祭也**每事問或曰孰**
謂鄹人之子知禮乎入太廟每事問孔曰鄹孔子父叔梁紇所
治邑時人多言孔子知禮或人以爲知禮者不當復問**子聞之曰是禮也**孔曰雖知之當
復問愼之至也疏子入至禮也。正義曰此章言夫子愼禮也子入太廟者子謂孔子太廟周公廟孔子仕魯魯
祭周公而助祭故得入之也每事問者言太廟之中禮器之爲每事輒問於令長也或曰孰謂鄹人之子知禮乎入太廟

每事問者孰誰也鄹人魯鄹邑大夫孔子父叔梁紇也或有人曰誰謂鄹大夫之子知禮者也時人多言孔子知禮或人
以爲知禮者不當復問何爲入太廟而每事問乎意以爲孔子不知禮也子聞之曰是禮也者孔子聞或人之譏乃言其問
之意以宗廟之禮當須重愼不可輕言雖已知之當更復問愼之至也。註包曰至助祭也。正義曰云太廟周公廟者
文十三年公羊傳曰周公稱太廟魯公稱世室羣公稱宮故知太廟周公廟也云孔子仕魯者史記孔子世家云孔子貧
且賤及長嘗爲季氏史料量平嘗爲司職吏而畜蕃息由是爲司空其後定公以孔子爲中都宰一年四方皆則之由中
都宰爲司空由司空爲大司寇攝相事是仕魯由是故得與助祭也。註孔曰至復問。正義曰云鄹孔子父叔梁紇所
治邑者古謂大夫守邑者以邑冠之呼爲某人孔子父鄹邑大夫左傳稱鄹人紇故此謂孔子爲鄹人之子也云傳成二
年云新築人仲叔于奚杜註云于奚守新築大夫即此類也**子曰射不主皮**馬曰射有五善
焉一曰和志體和二曰和容有容儀三曰主皮能中質四曰和頌合雅頌五曰興武與舞同天子三侯以熊虎豹皮爲之
言射者不但以中皮爲善亦兼取和容也**爲力不同科古之道也**馬曰爲力力役

之事亦有上中下設三科焉故曰不同科

疏子曰至古之道也○正義曰此章明古礼也射不主皮者言古者射礼張布爲侯而棲熊虎豹之皮於中而射之射有五善焉不但以中皮爲善亦兼取礼樂容節也周衰礼廢射者無復礼容但以主皮爲善故孔子抑之云古之射者不主皮也爲力不同科者言古者爲力役之事亦有上中下設三科焉周衰政失力役之事貧富兼并强弱無别而同爲一科故孔子非之云古之爲力役不如今同科也古之道也者結上二事皆前古所行之道也○註馬曰至和容也○正義曰云射有五善焉者言射礼有五種之善下所引是也云一曰和至五曰興舞皆周礼鄉大夫職文也云志體和至興舞同皆馬融解義語案彼云退而以鄉射之礼五物詢衆庶一曰和二曰容三曰主皮四曰和容五曰興舞註云以用也行鄉射之礼而以五物詢於衆民鄭司農云詢謀也問於衆庶寧復有賢能者和謂閨門之内行也容謂容貌也主皮謂善射射所以觀士也故書舞爲無杜子春讀和容爲和頌謂能爲樂也無不爲舞謂能爲六舞玄謂和載六德容包六行也庶民無射礼因田獵分禽則有主皮主皮者張皮射之無侯也主皮和容興舞則六藝之射與礼與樂是也今此註二曰和容衍和字五曰興武武當爲舞聲之誤也云天子三侯以熊虎豹皮爲之者周礼天官司裘職云王大射則共虎侯熊侯豹侯設其鵠諸侯則共熊侯豹侯卿大夫則共麋侯皆設其鵠註云大射者爲祭祀射王將有郊廟之事以射擇諸侯及群臣與邦國所貢之士可以與祭者射者可以觀德行其容體比於礼其節比於樂而中多者得與於祭諸侯謂三公及王子弟封於畿内者卿大夫亦皆有采地焉其將祀其先祖亦與群臣射以擇之凡大射各於其射宫侯者其所射也以虎熊豹麋之皮飾其側又方制之以爲辜謂之鵠著於侯中所謂皮侯王之大射虎侯王所自射也熊侯諸侯所射豹侯卿大夫以下所射諸侯之大射熊侯諸侯所自射豹侯群臣所射卿大夫之大射麋侯君臣共射焉凡此侯道虎九十弓熊七十弓豹麋五十弓列國之諸侯大射大侯亦九十參七十干五十遠尊得伸可同耳所射正謂之侯者天子中之則能服諸侯諸侯以下中之則得爲諸侯鄭司農云鵠鵠毛也方十尺曰侯四尺曰鵠二尺曰正四寸曰質玄謂侯中之大小取數於侯道鄉射記曰弓二寸以爲侯中則九十弓者侯中廣丈八尺七十弓者侯中廣丈四尺五十弓者侯中廣一丈尊卑異等此數明矣考工記曰梓人爲侯廣與崇方參分其廣而鵠居一焉然則侯中丈八尺者鵠方六尺侯中丈四尺者鵠方四尺六寸大半寸侯中一丈者鵠方三尺三寸少半寸謂之鵠者

取名於鴶鵴鴶鵴小鳥而難中是以中之爲儁亦取鵠之言較較者直也射所以直已志用虎熊豹麋之皮示服猛討迷士惑者射者大禮故取義衆也不大射士無臣祭無所擇也

子貢欲去告朔之餼羊鄭曰牲生曰餼禮人君每月告朔於廟有祭謂之朝享魯自文公始不視朔子貢見其禮廢故欲去其羊

子曰賜也爾愛其羊我愛其禮包曰羊存猶以識其禮羊亡禮遂廢

疏子貢至其禮○正義曰此章言孔子不欲廢禮也子貢欲去告朔之餼羊者牲生曰餼禮人君每月告朔於廟因有祭謂之朝享魯自文公怠於政禮始不視朔廢朝享之祭有司仍供備其羊子貢見其禮廢故欲并去其羊也子曰賜也爾愛其羊我愛其禮者此孔子不許子貢之欲去羊故呼其名而謂之曰賜也爾以爲既廢其礼虚費其羊故欲去之是愛其羊也我以爲羊存猶以識其禮羊亡禮遂廢所以不去其羊欲使後世見此告朔之羊知有告朔之禮庶或復行之是愛其禮也○註鄭曰至其羊○正義曰云牲生曰餼者僖三十三年左傳曰餼牽竭矣餼與牽相對牽是牲可牽行則餼是已殺殺又非熟故解者以爲腥曰餼謂生肉未煑者也其實餼亦是生哀二十四年左傳云晉師乃還餼臧石牛是以生牛賜之也此及聘禮註皆云牲生曰餼由不與牽相對故爲生也云禮人君每月告朔於廟有祭謂之朝享者案周禮大史頒告朔于邦國鄭玄云天子頒朔于諸侯諸侯藏之祖廟至朔朝于廟告而受行之此云子貢欲去告朔之餼羊是用牲告於廟謂之告朔人君即以此日聽視此朔之政謂之視朔文十六年公四不視朔僖五年傳曰公既視朔是也視朔者聽治此月之政亦謂之聽朔玉藻云天子聽朔於南門之外是也其日又以禮祭於宗廟謂之朝廟周禮謂之朝享司尊彝云追享朝享是也其歲首爲之則謂之朝正襄二十九年正月公在楚傳曰釋不朝正于廟是也告朔視朔聽朔朝廟享朝正二礼各有三名同日而爲之也必於月朔爲此告朔聽朔之礼者杜預春秋釋例曰人君者設官分職以爲民極遠細事以全委任之責縱諸下以盡知力之用揔成敗以効能否執八柄以明誅賞故自非機事皆委立焉誠信足以相感事實盡而不擁故受位居職者思効忠善日夜自進而無所顧忌也天下之細事無數一日二日萬端人君之明有所不照人君之力有所不堪則不得不借問近習有時而用之如此則六鄉六遂之長雖則奉此事躬造此官當皆移聽於內官回心於左右政之粃亂常必由此聖人知其不可故簡其節敬其事因月朔朝廟遷坐正位會群吏而聽大政考其

所行而決其煩疑非徒議將然也乃所以考已然又惡其密聽之亂公也故顯衆以斷之是以上下交泰官人以理萬民以察天下以治也每月之朝必朝於廟因聽政事事敬而禮成以故告特羊然則朝廟朝正告朔視朔皆同日之事所從言異耳是言聽朔朝廟之義也玉藻說天子朝廟之禮云聽朔於南門之外諸侯皮弁聽朔於太廟鄭玄以爲明堂在國之陽南門之外謂明堂也諸侯告朔以特羊則天子以特牛與天子用特牛告其帝及其神配以文王武王諸侯用特羊告太祖而已杜預以明堂與祖廟爲一但明堂是祭天之處天子告朔雖杜之義亦應告人帝朝享即月祭是也祭法云王立七廟祖廟曰考廟王考廟皇考廟顯考廟皆月祭之二祧享嘗乃止諸侯立五廟曰考廟王考廟皇考廟皆月祭之顯考廟祖考廟享嘗乃止然則天子告朔於明堂朝享於五廟諸侯告朔於大廟朝享自皇考以下三廟耳皆先告朔後朝廟朝廟小於告朔文公廢其大而行其小故春秋文公六年經云閏月不告朔猶朝于廟公羊傳曰猶者可止之辭也天子玄冕以視朔皮弁以日視朝諸侯皮弁以聽朔朝服以日視朝其閏月則聽朔於明堂闔門左扉立於其中聽政於路寢門終月故於文王在門爲閏云魯自文公始不視朔者即文六年閏月不告朔是也

子曰事君盡禮人以爲諂也孔曰時事君者多無禮故以有禮者爲諂

疏子曰至諂也○正義曰此章疾時臣事君多無禮也言若有人事君盡其臣禮謂將順其美及善則稱君之類而無禮之人反以爲諂佞也

定公問君使臣臣事君如之何孔曰定公魯君謚時臣失禮定公患之故問之

孔子對曰君使臣以禮臣事君以忠

疏定公問至以忠○正義曰此章明君臣之禮也定公問君使臣臣事君如之何者定公魯君也時臣失禮君不能使定公患之故問於孔子曰君之使臣及臣之事君當如之何也孔子對曰君使臣以禮臣事君以忠者言禮可以安國家定社稷止由君不用禮則臣不竭忠故對曰君之使臣以禮則臣必事君以忠也○注孔曰至問之○正義曰云定公魯君謚者魯世家云定公名宋襄公之子昭公之弟以敬王十一年即位謚法安民大慮曰定

子曰關雎樂而不淫哀而不傷孔曰樂不至淫哀不至傷言其和也

疏子曰至不傷○正義曰此章言正樂之和也關雎者詩國風周南首篇名興后妃之德也詩序云樂得淑女以配君子憂在進賢不淫其色是樂而不

子曰事君盡禮人以為諂也

定公問君使臣臣事君如之何孔子對曰君使臣以禮臣事君以忠

子曰關雎樂而不淫哀而不傷

淫也哀窈窕思賢才而無傷善之心焉是哀而不傷也樂不至淫哀不至傷言其正樂之和也

哀公問社於宰我宰我對曰夏后氏以松殷人以栢周人以栗曰使民戰栗孔曰凡建邦立社各以其土所宜之木宰我不本其意妄爲之說因周用栗便云使民戰栗

子聞之曰成事不說包曰事已成不可復解說遂事不諫包曰事已遂不可復諫止既往不咎包曰事已往不可復追咎孔子非宰我故歷言此三者欲使慎其後

疏哀公至不咎○正義曰此章明立社所用木也哀公問社於宰我者哀公魯君也社五土之神也凡建邦立社各以其土所宜木哀公未知其禮故問於弟子宰我也宰我對曰夏后氏以松殷人以栢周人以栗曰使民戰栗者三代立社各以其土所宜木故宰我舉之以對哀公也但宰我不本其土宜之意因周用栗便妄爲之說曰周人以栗者欲使其民戰栗故也子聞之曰成事不說遂事不諫既往不咎者孔子聞宰我對哀公使民戰栗知其虛妄無如之何故曰事已成不可復解說也事已遂不可復諫止也事已往不可復追咎也歷言此三者以非之欲使慎其後也

註孔曰至戰栗○正義曰云凡建邦立社各以其土所宜之木者以社者五土之摠神故凡建邦立國必立社也夏都安邑宜松殷都亳宜栢周都豐鎬宜栗是各以其土所宜木也謂用其木以爲社主張包周本以爲哀公問主於宰我先儒或以爲宗廟主者杜無凱何休用之以解春秋亦爲宗廟主今所不取

子曰管仲之器小哉言其器量小也或曰管仲儉乎包曰或人見孔子小之以爲謂之大儉曰管氏有三歸官事不攝焉得儉包曰三歸娶三姓女婦人謂嫁曰歸攝猶兼也禮國君事大官各有人大夫兼并今管仲家臣備職非爲儉

然則管仲知禮乎包曰或人以儉問故荅以安得儉或人聞不儉便謂爲得禮

曰邦君樹塞門管氏亦樹塞門邦君爲兩君之好有反坫管氏亦有反坫鄭曰反坫反爵之坫在兩楹之間人君別內外於門樹屏以蔽之若與鄰國爲好會其獻酢之禮更酌酌畢則各反爵於坫上今管仲皆僭爲之如是是不知禮

管氏而知禮孰不知

禮【疏】子曰至知禮。○正義曰此章言管仲僭禮也子曰管
仲之器小哉者管仲齊大夫管夷吾也孔子言其器
量小也或曰管仲儉乎者或人見孔子言管仲器小以爲謂
其大儉故問曰管仲儉乎曰管氏有三歸官事不攝焉得儉
者孔子答或人以管仲不儉之事也婦人謂嫁曰歸攝猶兼
也焉猶安也禮大夫雖有妾媵嫡妻唯娶一姓今管仲娶三
姓之女故曰有三歸禮國君事大官各有人大夫雖得有家
臣不得每事立官當使一官兼攝餘事今管仲家臣備職奢
豪若此安得爲儉也然則管仲知禮乎者或人聞孔子言管
仲不儉便謂爲得禮故又問曰然則管仲是知禮之人乎曰
邦君樹塞門管氏亦樹塞門邦君爲兩君之好有反坫管氏
亦有反坫者此孔子又爲或人說管仲不知禮之事也邦君
諸侯也屏謂之樹人君別內外於門樹屏以蔽塞之大夫當
以簾蔽其位耳今管仲亦如人君樹屏以塞門也反坫反爵
之坫也在兩楹之間人君與鄰國爲好會其獻酢之禮更酌酌
畢則各反爵於坫上大夫則無之今管仲亦有反爵之坫僭
濫如此是不知禮也管氏而知禮孰不知禮者孔子舉其僭
禮於上而以此言非之孰誰也言若謂管氏而爲知禮更誰
爲不知禮言唯管氏不知禮也。○註包曰至爲儉。○正義曰
云婦人謂嫁曰歸者隱二年公羊傳文何休曰婦人生以父

母爲家嫁以夫爲家故謂嫁曰歸明有三歸之道也。○註鄭
曰至知禮。○正義曰云反坫反爵之坫在兩楹之間者以鄉
飲酒是鄉大夫之禮於房戶間燕禮是燕己之臣子故尊於
東楹之西若兩君相敵則尊於兩楹間故其坫在兩楹間也
云人君別內外於門樹屏以蔽之者釋宮云屏謂之樹郭璞
曰小牆當門中郊特牲云臺門而旅樹鄭玄云此皆諸侯之
禮也旅道也屏謂之樹樹所以蔽行道管氏樹塞門塞猶蔽
也禮天子外屏諸侯內屏大夫以簾士以帷是也云若與鄰
國爲好會其獻酢之禮更酌酌畢則各反爵於坫上者熊氏
云主君獻賓賓筵前受爵飲畢反爵於坫上於西階上
拜主人於阼階上荅拜賓於坫取爵洗爵酌以酢主人主人
受爵飲畢反此虛爵於坫上主人阼階上拜賓荅拜是賓主
飲畢反爵於坫上也而云酌畢各反
爵於坫上者文不具耳其實當飲畢子語魯大師樂曰
樂其可知也始作翕如也大師樂官名五音始奏翕如盛從之純
如也從讀曰縱言五音既發放縱盡其音聲純純和諧也皦如也言其音節明也繹如
也以成縱之以純如皦如繹如言樂始作翕如而成於三【疏】子語至以成。○正義曰此章明樂子

語魯大師樂者大師樂官名猶周禮之大司樂也於時魯禮樂崩壞故孔子以正樂之法語之使知也曰樂其可知也者言五音翕然盛也翕盛皃如皆語辭從之純如也者從讀曰縱謂放縱也純和也言五音既發放縱盡其音聲純純和諧也皦如也者皦明也言其音節分明也繹如也者言其音落繹然相續不絕也以成者言樂始作翕如又縱之以純如皦如繹如則正樂以之而成也

儀封人請見鄭曰儀蓋衞邑封人官名曰君子之至於斯也吾未嘗不得見也從者見之包曰從者弟子隨孔子行者通使得見出曰二三子何患於喪乎天下之無道也久矣孔曰語諸弟子言何患於夫子聖德之將喪亡耶天下之無道已久矣極衰必盛天將以夫子爲木鐸孔曰木鐸施政教時所振也言天將命孔子制作法度以號令於天下

疏 儀封至木鐸。正義曰此章明夫子之德天將命之使其定禮樂也儀封人請見衞國儀邑典封疆之人請告於孔子從者欲見孔子也曰君子之至於斯也吾未嘗不得見也者此所請辭也嘗曾也言往者有德之君子至於我斯

地也吾嘗得見之未曾有不得見者也從者見之者從者謂弟子隨孔子行者既見其請故爲之紹介通使得見也出曰二三子何患於喪乎者儀封人請既見夫子出門乃語諸弟子曰二三子何須憂患於夫子聖德之將喪亡乎天下之無道也久矣者此封人又說孔子聖德不喪之由也言事不常一盛必有衰衰極必盛今天下之衰亂無道亦已久矣言扶弱興衰屬在夫子天將以夫子爲木鐸者木鐸金鈴木舌施政教時所振也言天將命孔子制作法度以號令於天下如木鐸以振文教也○註鄭曰儀蓋至官名○正義曰云儀蓋衞邑者以左傳衞侯入於夷儀疑與此是一故云蓋衞邑也云封人官名者周禮封人掌爲畿封而樹之鄭玄云畿上有封若今時界也天子封人職典封疆則知諸侯封人亦然也左傳言潁谷封人祭仲足爲祭封人宋高哀爲蕭封人此云儀封人皆以地名封人蓋職典封疆居在邊邑潁谷祭皆是國之邊邑也○註包曰至得見○正義曰云通使得見者見謂爲之紹介使之見也若左傳云乃見鱄設諸焉齊豹見宗魯於公孟亦然○註孔曰至天下○正義曰云木鐸施政教時所振也者禮有金鐸木鐸鐸是鈴也其體以金爲之明舌有金木之異知木鐸是木舌也周禮教鼓人以金鐸通鼓大司馬教振旅兩司馬執鐸明堂位云振木鐸於朝是武事

振金鐸文事振木鐸此云木鐸施政教時所振者所以振文教是也**子謂韶盡美矣又盡善也**孔曰韶舜樂名謂以聖德受禪故盡善**謂武盡美矣未盡善也**孔曰武武王樂也以征伐取天下故未盡善

【疏】子謂至善也○正義曰此章論韶武之樂子謂韶盡美矣又盡善也者韶舜樂名韶紹也德能紹堯故樂名韶言韶樂其聲及舞極盡其美揖讓受禪其聖德又盡善也謂武盡美矣未盡善也者武周武王樂以武得民心故名樂曰武言武樂音曲及舞容則盡極美矣然以征伐取天下不若揖讓而得故其德未盡善也○註孔曰至盡善○正義曰云韶舜樂名者樂記云韶繼也註云韶紹也言舜之道德繼紹於堯也元命包曰舜之時民樂紹堯業其書益稷云簫韶九成鳳皇來儀是韶爲舜樂名也云謂以聖德受禪故盡善者書序云昔在帝堯聰明文思光宅天下將遜于位讓于虞舜孔安國云老使攝遂禪之禪即讓也是以聖德受禪也○註孔曰至未盡善○正義曰云武武王樂也者禮器云樂也者樂其所自成註云作樂者緣民所樂於己之功然則以武王用武除暴爲天下所樂故謂其樂爲武樂武樂爲一代大事故歷代皆稱大也云以征伐取天下故未盡善者以臣伐君雖曰應天順人不若揖讓而受故未盡善也

子曰居上不寬爲禮不敬臨喪不哀吾何以觀之哉

【疏】子曰居上不寬爲禮不敬臨喪不哀吾何以觀之哉○正義曰此章揔言禮意居上位者寬則得衆不寬則失於苛刻凡爲禮事在於莊敬不敬則失於傲惰親臨死喪當致其哀不哀則失於和易凡此三失皆非禮意人或若此不足可觀故曰吾何以觀之哉

十五

論語註疏解經卷第三

[illegible]

吾何以觀之哉 疏 子曰居上不寬為禮不敬臨喪不哀

[illegible]

善也 [illegible] 謂武盡美矣未盡善也

[illegible]

子謂韶盡美矣又盡善也謂武盡美矣又盡

[illegible]

論語註疏解經卷第四

里仁第四　何晏集解　邢昺疏

疏 正義曰此篇明仁仁者善行之大名也君子體仁必能行禮樂故以次前也

子曰里仁爲美 鄭曰里者仁之所居居於仁者之里是爲美 擇不處仁焉得知 鄭曰求居而不處仁者之里不得爲有知 疏 子曰至得知○正義曰此章言居必擇仁也里仁爲美者里居也仁者之所居處謂之里仁凡人之擇居居於仁者之里是爲美也擇不處仁焉得知者焉猶安也擇求居處而不處仁者之里安得爲有知也

子曰不仁者不可以久處約 孔曰久困則爲非 不可以長處樂 孔曰必驕佚 仁者安仁 包曰惟性仁者自然體之故謂安仁 知者利仁 王曰知仁爲美故利而行之 疏 子曰至利仁○正義曰此章明仁性也不仁者不可以久處約者言不仁之人不可令久長處貧約若久困則爲非也不可以長處樂者言亦不可令久長處於富貴逸樂若久長處樂則必驕佚仁者安仁者謂天性仁者自然安而行之也知者利仁者知能照識前事知仁爲美故利而行之也○註包曰至安仁○正義曰此經仁者安仁知者利仁與表記正同理亦不異云唯性仁者自然體之者言天性仁者非關利害自然汎愛施生體包仁道易文言曰君子體仁足以長人是也○註王曰至行之○正義曰云知仁爲美故利而行之者言有知謀者貪利而行仁有利則行無利則止非本情也

子曰唯仁者能好人能惡人 孔曰唯仁者能審人之所好惡 疏 子曰唯仁者能好人能惡人○正義曰此章言唯有仁德者無私於物故能審人之好惡也

子曰苟志於仁矣無惡也 孔曰苟誠也言誠能志於仁則其餘終無惡 疏 子曰苟志於仁矣無惡也○正義曰苟誠也此章言誠能志在於仁則其餘行終無惡也

子曰富與貴是人之所欲也不以其道得之不處也 孔曰不以其道得富貴則仁者不處 貧與賤是人之所惡也不以其道得之不去也 時有否泰故君子履道而反貧賤此

則不以其道得之雖是人之所惡不可違而去之

君子去仁惡乎成名 孔曰惡乎成名者不得成名爲君子

君子無終食之間違仁造次必於是顛沛必於是 馬曰造次急遽顛沛偃仆雖急遽偃仆不違仁

疏 子曰至於是。正義曰此章廣明仁行也富與貴是人之所欲也不以其道得之不處也者富者財多貴者位高此二者是人之所貪欲也若不以其道而得之雖是人之所欲而仁者不處也貧與賤是人之所惡也不以其道得之不去也者乏財曰貧無位曰賤此二者是人之所嫌惡也時有否泰故君子履道而反貧賤此則不以其道而得之雖是人之所惡而仁者不違而去之也君子去仁惡乎成名者惡乎猶於何也言人欲爲君子唯行仁道乃得君子之名若違去仁道則於何得成名名爲君子乎言去仁則不得成名爲君子也君子無終食之間違仁者言仁不可斯須立身故君子無食頃違去仁道也造次必於是顛沛必於是者造次急遽也顛沛偃仆也言君子之人雖身有急遽偃仆之時而必守於是仁道而不違去也。註馬曰至違仁 正義曰云造次急遽者造次猶言草次鄭玄云倉卒也皆迫促不暇之意故云急遽云顛沛偃仆者說文云偃僵也仆頓也則偃是仰倒也仆是踣倒也雖遇此顛躓之時亦不違仁也

子曰我未見好仁者惡不仁者好仁者無以尚之 孔曰難復加也 惡不仁者其爲仁矣不使不仁者加乎其身 孔曰言惡不仁者能使不仁者不加非義於己不如好仁者無以尚之爲優 有能一日用其力於仁矣乎我未見力不足者 孔曰言人無能一日用其力脩仁者耳我未見欲爲仁而力不足者 蓋有之矣我未之見也 孔曰謙不欲盡誣時人言不能爲仁故云爲能有爾我未之見也

疏 子曰至見也。正義曰此章疾時無仁也我未見好仁者惡不仁者孔子言我未見性好仁者亦未見能疾惡不仁者也好仁者無以尚之者此覆說上好仁者也尚上也言性好仁者爲德之最上他行無以更上之言難復加也惡不仁者其爲仁矣不使不仁者加乎其身此覆說上惡不仁者也言能疾惡不仁者亦得爲仁但其行少劣故曰其所爲仁矣也唯能不使不仁者加乎非義於己身也不如好仁者無以尚之爲優也有能一日用其力於仁矣乎者言世不脩仁也故曰

有人能一日之間用其力於仁道矣乎言人誠能一日用其力脩仁者耳我未見力不足者言德輶如毛行仁甚易我欲

仁斯仁至矣何須用力故曰我未見欲爲仁而力不足者也蓋有之矣我未之見也者此孔子謙不欲盡誣時人言不能

爲仁故曰蓋有能爲之者矣但我未之見也 子曰人之過也各於其黨觀

過斯知仁矣 孔曰黨黨類小人不能爲君子之行非小人之過當恕而勿責之觀過使賢愚各當

其所則爲仁矣 【疏】子曰至仁矣。正義曰此章言仁恕也人之過也各於其黨者黨黨類也言人之爲過也君子

小人各於其類也觀過斯知仁矣者言觀人之過使賢愚各當其所若小人不能爲君子之行非小人之過當恕而勿責

之斯知仁者之用心矣 子曰朝聞道夕死可矣 言將至死不聞世之有道 【疏】

子曰朝聞道夕死可矣正義曰此章疾世無道也設若早朝聞世有道暮夕而死可無恨矣言將至死不聞世之有道也

子曰士志於道而恥惡衣惡食者未足與議也

【疏】子曰至議也。正義曰此章言人當樂道固窮也士者人之有士行者也言士雖志在善道而衣服飲食好其

華美恥其麄惡者則是志道不篤故未足與言議於道也 子曰君子之於天下也

無適也無莫也義之與比 【疏】子曰至與比。正義曰此章貴義也適厚

也莫薄也比親也言君子於天下之人無擇於富厚與窮薄者但有義者則與之相親也 子曰君子懷

德 孔曰懷安也 小人懷土 孔曰重遷 君子懷刑 孔曰安於法 小人

懷惠 包曰惠恩惠 【疏】子曰至懷惠。正義曰此章言君子小人所安不同也君子懷德小人懷土者

懷安也君子執德不移是安於德也小人安安而不能遷者難於遷徙是安於土也君子懷刑小人懷惠者刑法制恩

惠恩也君子樂於法制齊民是懷刑也小人唯利是親安於恩惠是懷惠也 子曰放於利而行

孔曰放依也每事依利而行 多怨 孔曰取怨之道 【疏】子曰放於利而行多怨。正義曰此章惡利也

放依也言人每事依於財利而行則是取怨之道也故多爲人所怨恨也 子曰能以禮讓爲

國乎何有 何有者言不難 不能以禮讓爲國如禮何 包曰如禮何者

言不能用禮【疏】子曰至禮何。正義曰此章言治國者必須禮讓也能以禮讓爲國乎者爲猶治也禮節民心
讓則不爭言人君能以禮讓爲教治其國乎云何有者謂以禮讓治國何有其難言不難也不能以禮讓爲國者言人君
不能明禮讓以治民也如禮何者言有禮而不能用如此禮何**子曰不患無位患所以**
立不患莫己知求爲可知也包曰求善道而學行之則人知己【疏】
子曰至知也。正義曰此章勸學也不患無位者言不憂無爵位也患所以立者言但憂其無立身之才學耳不患莫己知
者言不憂無人見知於己也求爲可知也者言求善道而學行之使己才學有可知重則人知己也**子曰參**
乎吾道一以貫之曾子曰唯孔曰直曉不問故答曰唯**子出門**
人問曰何謂也曾子曰夫子之道忠恕而已矣
【疏】子曰至已矣。正義曰此章明忠恕也子曰參乎者呼曾子名欲語之也吾道一以貫之者貫統也孔子語曾
子言我所行之道唯用一理以統天下萬事之理也曾子曰唯者曾子直曉其理更不須問故答曰唯子出者孔子出去

也門人問曰何謂也者門人曾子弟子也不曉夫子之言故問於曾子也曾子曰夫子之道忠恕而已矣者答門人也忠
謂盡中心也恕謂忖己度物也言夫子之道唯以忠恕一理以統天下萬事之理更無他法故云而已矣**子曰**
君子喻於義小人喻於利孔曰喻猶曉也【疏】子曰君子喻於義小人喻
於利。正義曰此章明君子小人所曉不同也喻曉也君子則曉於仁義小人則曉於財利**子曰見賢**
思齊焉包曰思與賢者等**見不賢而內自省也**【疏】子曰至省也。
正義曰此章勉人爲高行也見彼賢則思與之齊等見彼不賢則內自省察得無如彼人乎**子曰事父**
母幾諫包曰幾者微也當微諫納善言於父母**見志不從又敬不違勞**
而不怨包曰見志父母志有不從己諫之色則又當恭敬不敢違父母意而遂己之諫【疏】子曰
至不怨。正義曰此并下四章皆明孝事父母幾諫者幾微也父母有過當微納善言以諫於父母也且志不從又敬不
違者見父母志有不從己諫之色則又當恭敬不敢違父母意而遂己之諫也勞而不怨者父母使己以勞辱之事己當

盡力服其勤不得怨父母也

子曰父母在不遠遊遊必有方鄭曰方猶常也【疏】子曰父母在不遠遊遊必有方○正義曰方猶常也父母既存或時思欲見己故不遠遊遊必有常所欲使父母呼己得即知其處也設若告云詣甲則不得更詣乙恐父母呼己於甲處不見則使父母憂也

子曰三年無改於父之道可謂孝矣鄭曰孝子在喪哀慼思慕無所改於父之道非心所忍為【疏】子曰三年無改於父之道可謂孝矣○正義曰言孝子在父母喪三年之中哀慼思慕無所改於父之道非心所忍為故也此章與學而篇同當是重出學而篇是孔註此是鄭註本或二處皆有

子曰父母之年不可不知也一則以喜一則以懼孔曰見其壽考則喜見其衰老則懼【疏】子曰父母之年不可不知也一則以喜一則以懼○正義曰言孝子當知父母之年也其意有二一則以父母年多見其壽考則喜也一則以父母年老形必衰弱見其衰老則憂懼也

子曰古者言之不出恥躬之不逮也包曰古人之言不妄出口為身行之將不及

【疏】子曰古者言之不出恥躬之不逮也○正義曰此章貴慎言躬身也逮及也言古人之言不妄出口為身行之將不及故也

子曰以約失之者鮮矣孔曰俱不得中奢則驕佚招禍儉約無憂患【疏】子曰至鮮矣○正義曰此章貴儉鮮少也得中合禮為事乃善設若奢儉俱不得中奢則驕佚招禍儉約無憂患是以約失者少也

子曰君子欲訥於言而敏於行包曰訥遲鈍也言欲遲而行欲疾【疏】子曰君子欲訥於言而敏於行○正義曰此章慎言貴行也訥遲鈍也敏疾也言君子但欲遲鈍於言敏疾於行惡時人行不副言也

子曰德不孤必有鄰方以類聚同志相求故必有鄰是以不孤【疏】子曰德不孤必有鄰○正義曰此章勉人脩德也有德則人所慕仰而不孤特必有同志相求與之為鄰也○註方以至不孤○正義曰云方以類聚者周易上繫辭文也方謂法術性行各以類相聚也云同志相求者周易乾卦文言也言亦同者相求為朋友也故必有鄰是以不孤者案坤卦文言曰君子敬以直內義以方外敬義立而德不孤言身有敬義以接於人則人亦敬義以應之是亦德不孤也

子游曰事君數

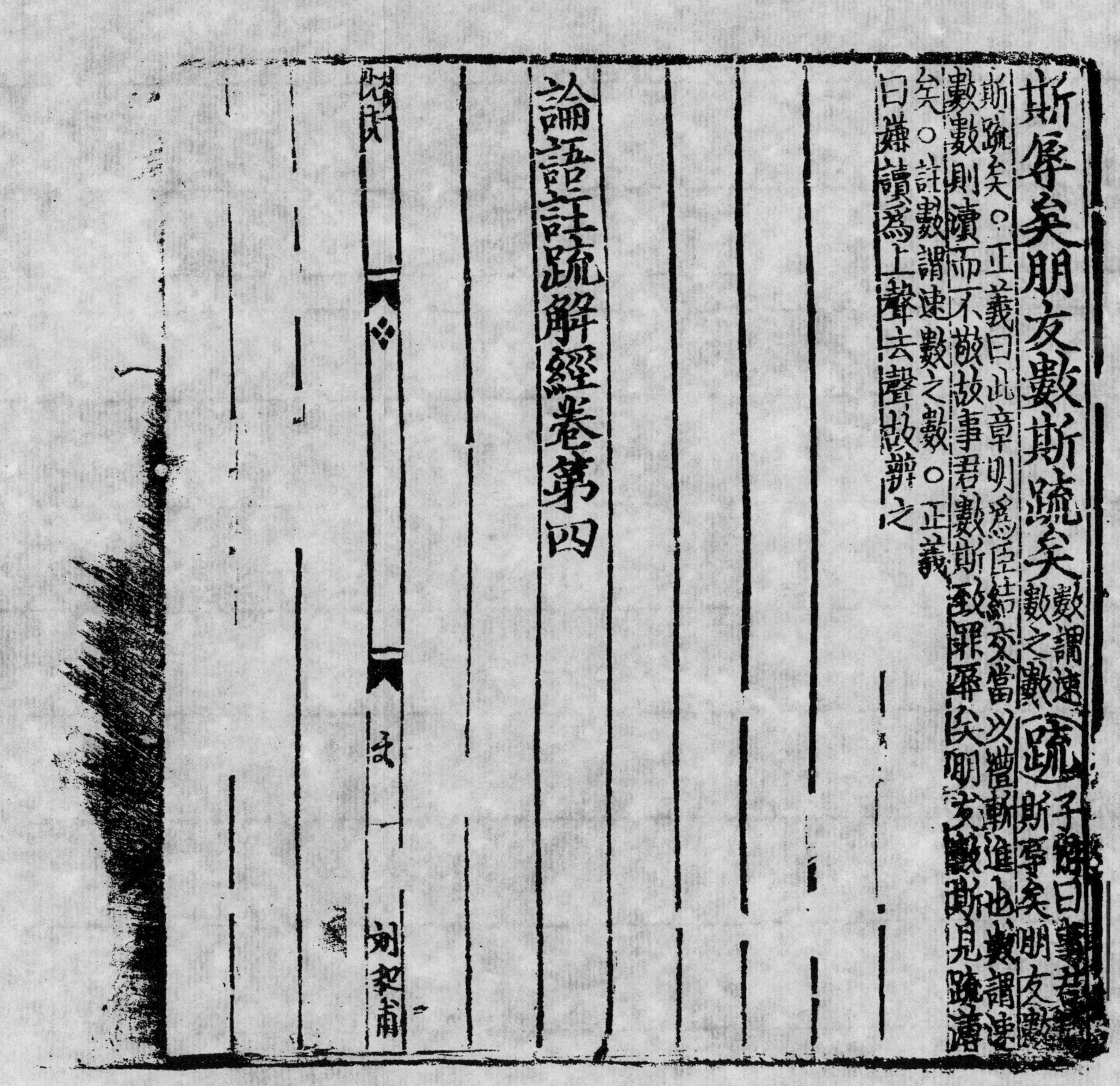

斯辱矣朋友數斯疏矣數謂速數之數【疏】子游曰事君數斯辱矣朋友數斯疏矣○正義曰此章明為臣結交當以禮漸進也數謂速數數則瀆而不敬故事君數斯致罪辱矣朋友數斯見疏薄矣○註數謂速數之數○正義曰嫌讀為上聲去聲故辨之

論語註疏解經卷第四

論語註疏解經卷第五

公冶長第五　何晏集解　邢昺疏

疏 正義曰此篇大指明賢人君子仁知剛直以前篇擇仁者之里而居故得學爲君子即下云魯無君子斯焉取斯是也故次里仁

子謂公冶長可妻也雖在縲絏之中非其罪也以其子妻之 孔曰冶長弟子魯人也姓公冶名長縲黑索絏攣也所以拘罪人 疏 子謂至妻之。正義曰此章明弟子公冶長之賢也子謂公冶長可妻也者納女於人曰妻孔子評論弟子公冶長德行純備可妻女與之爲妻也雖在縲絏之中非其罪也者縲黑索絏攣也古獄以黑索拘攣罪人於時冶長以枉濫被繫故孔子論之曰雖在縲絏之中實非其冶長之罪也以其子妻之者論竟遂以其女子妻之也。註孔曰至罪人。正義曰云冶長弟子魯人也者案家語弟子篇云公冶長魯人字子長爲人能忍恥孔子以女妻之又案史記弟子傳云公冶長齊人而此

云魯人用家語爲說也張華云公冶長墓在陽城姑幕城東南五里所基極高舊說冶長解禽語故繫之縲絏以其不經今不取也

子謂南容邦有道不廢邦無道免於刑戮以其兄之子妻之 王曰南容弟子南宮縚魯人也字子容不廢言見用 疏 子謂南容至妻之。正義曰此章孔子評論弟子南容之賢行也邦有道不廢邦無道免於刑戮者此南容之德也若遇邦國有道則常得見用在官不被廢棄若遇邦國無道則必危行言遜以脫免於刑罰戮辱也以其兄之子妻之者言德行如此故以其兄之女與之爲妻也。註王曰至見用。正義曰云南容弟子南宮縚魯人也字子容者此家語弟子篇文也案史記弟子傳云南宮括字子容鄭註檀弓云南宮縚孟僖子之子南宮閱以昭七年左氏傳云孟僖子將卒召其大夫云屬說與何忌於夫子以事仲尼以南宮爲氏故世本云仲孫閱生南宮縚是也然則名縚名括又名閱字子容氏南宮本孟氏之後也

子謂子賤 孔曰子賤魯人弟子宓不齊 君子哉若人魯無君子者斯焉取斯 包曰若人者若此人也如魯無君子子賤安得此行而學行之 疏 子謂

子賤至取斯○正義曰此章論子賤之德也君子哉若人者無君子者斯焉取斯者此計論之辭也因美魯多君子故曰有君子之德哉若此人也魯國若更無君子者斯子賤安得取斯君子之德行而學行之乎明魯多君子故子賤得學為君子也○註孔曰至不齊○正義曰案家語弟子篇云宓不齊魯人字子賤少孔子四十九歲為單父宰有才知仁愛百姓不忍欺之故孔子大之也

子貢問曰賜也何如子曰女器也

孔曰言女器用之人

曰何器也曰瑚璉也

包曰瑚璉黍稷之器夏曰瑚殷曰璉周曰簠簋宗廟之器貴者

【疏】子貢至瑚璉也○正義曰此章明弟子子貢之德也子貢問曰賜也何如者子貢見夫子歷說諸弟子不及於己故問之曰賜也已自不知其行何如也子曰女器也夫子答之言女器用之人也曰何器也者子貢得夫子言己為器用之人但器有善惡猶未知己器云何故復問之也曰瑚璉也者此夫子又為指其定分瑚璉黍稷之器宗廟之器貴者也言女是貴器也○註包曰至貴者○正義曰云瑚璉黍稷之器夏曰瑚殷曰璉周曰簠簋者案明堂位說四代之器云有虞氏之兩敦夏后氏之四璉殷之六瑚周之八簋註云皆黍稷器制之異同未聞鄭註周禮舍人云方

曰簠圓曰簋如記文則夏器名璉殷器名瑚而包咸鄭玄等註此論語賈服杜等註左傳皆云夏曰瑚或引有所據或相從而誤也

或曰雍也仁而不佞

馬曰雍弟子仲弓名姓冉

子曰焉用佞禦人以口給屢憎於人不知其仁焉用佞

孔曰屢數也佞人口辭捷給數為人所憎惡

【疏】或曰至用佞○正義曰此章明仁不須佞也或曰雍也仁而不佞者佞口才也或有一人言於夫子曰弟子冉雍雖身有仁德而口無才辯或人嫌其德未備也子曰焉用佞者夫子語或人言仁人安用佞如何也禦人以口給屢憎於人者夫子更為或人說佞人之短屢數也言佞人禦當於人以口才捷給屢致憎惡於人謂數為人所憎惡也不知其仁焉用佞者言佞人既數為人所憎惡則不知其仁德之人復安用其佞邪○註馬曰雍弟子仲弓名姓冉○正義曰案史記弟子傳冉雍字仲弓鄭玄曰魯人也○註孔曰至憎惡○正義曰屢數也者釋言云屢亟也郭璞云亟亦數也云佞人口辭捷給數謂人所憎惡者案左傳云寡人不佞服虔云佞才也不才者自謙之辭也而此云焉用佞禦人以口給屢憎於人則佞非善事而以不佞為謙者佞是口才捷利之名本非善惡之稱但為佞有善

焉用佞

子使漆雕開仕。孔曰：開，弟子。漆雕，姓；開，名。仕進之道。對曰：吾斯之未能信。孔曰：未能究習。子說。鄭曰：善其志道深。

〔疏〕「子使」至「子說」。○正義曰：此章明弟子漆雕開之志也。「子使漆雕開仕」者，弟子姓漆雕，名開。孔子使之仕進也。「對曰：吾斯之未能信」者，開意志於道，不欲仕進，故對曰：吾於此仕進之道未能信者，未能究習也。「子說」者，孔子見其志道深，故喜說也。

子曰：道不行，乘桴浮于海，從我者其由與？馬曰：桴，編竹木，大者曰栰，小者曰桴。子路聞之喜。孔曰：喜與己俱行。子曰：由也好勇過我，無所取材。鄭曰：子路信夫子欲行，故言好勇過我。無所取材者，無所取於桴材，以子路不解微言，故戲之耳。一曰：子路聞孔子欲浮海便喜，不復顧望，故孔子歎其勇曰過我，無所取哉，言唯取於己。古字材、哉同。

〔疏〕「子曰」至「取材」。○正義曰：此章仲尼患中國不能行己之道也。「道不行，乘桴浮於海」者，桴，竹木所編小栰也。言我之善道中國既不能行，即欲乘其桴栰浮渡於海而居九夷，庶幾能行己道也。「從我者其由與」者，由，子路名。以子路果敢有勇，故孔子言能從我渡海者其唯由也與。「子路聞之喜」者，子路聞孔子欲乘桴浮海，便即喜樂，以為實然，故喜與己俱行也。「子曰：由也好勇過我，無所取材」者，以子路不解微言，故戲之耳。言由也好勇過我，但無所取材以為桴栰。「一曰」以下，別說。言子路聞孔子欲浮海便喜，不復顧望，故孔子歎其勇曰過我，無所取哉，言唯取於己也。古字材、哉同。

孟武伯問：子路仁乎？子曰：不知也。孔曰：仁道至大，不可全名也。又問。子曰：由也，千乘之國，可使治其賦也，孔曰：賦，兵賦。不知其仁也。求也何如？子曰：求也，千室之邑，百乘之家，可使爲之宰也孔曰千室之邑卿大夫之邑卿大夫稱家諸侯千乘大夫百乘宰家臣不知其仁也赤也何如子曰赤也束帶立於朝可使與賓客言也馬曰赤弟子公西華有容儀可使爲行人不知其仁也

疏孟武至仁也○正義曰此章明仁之難也孟武伯問子路仁乎子曰不知也者魯大夫孟武伯問於夫子曰弟子子路有仁德否乎夫子以爲仁道至大不可全名故答曰不知也又問者武伯意其子路有仁故夫子雖答以不知又復問之也子曰由也千乘之國可使治其賦也不知其仁也者此夫子更爲武伯說子路之能言由也有勇千乘之大國可使治其兵賦也不知其仁也言仁道則不全也求也何如者此句又武伯問辭言弟子冉求仁道何如子曰求也千室之邑百乘之家可使爲之宰也不知其仁也者此孔子又答武伯以冉求之能也言求也若卿大夫千室之邑百乘卿大夫之家可使爲之邑宰也仁則不知也赤也何如者此句又武伯問辭言弟子公西赤仁道何如子曰赤也束帶立於朝可使與賓客言也不知其仁也者此孔子又答以公西赤之才也言赤也有容儀可使爲行人之官盛服束帶立於朝廷

可使與鄰國之大賓小客言語應對也仁則不知○註孔曰賦兵賦○正義曰案隱四年左傳云敝邑以賦與陳蔡從服虔云賦兵也以田賦出兵故謂之兵賦正謂以兵從也其賦法依周禮九夫爲井四井爲邑四邑爲丘丘十六井出戎馬一四牛三頭四丘爲甸甸六十四井出長轂一乘戎馬四四牛十二頭甲士三人步卒七十二人是也○註孔曰至家臣○正義曰云千室之邑卿大夫之邑者大斈云百乘之家不畜聚斂之臣鄭註云百乘之家有采地者也又鄭註云采地一同之廣輪也然則此云千室之邑百乘之家者謂卿大夫采邑地有一同民有千家者也左傳曰唯卿備百邑司馬法成方十里出革車一乘故知百乘之家地一同也○註馬曰至行人○正義曰云赤弟子公西華者案史記弟子傳云公西赤字子華鄭玄曰魯人少孔子四十二歲云有容儀可使爲行人者按周禮有大行人小行人之職掌賓客之禮籍及朝覲聘問之事言公西華任此官也

子謂子貢曰女與回也孰愈孔曰愈猶勝也對曰賜也何敢望回回也聞一以知十賜也聞一以知二子曰弗如也吾與女弗如也包曰既然

可使為之宰也[illegible]不知其仁也赤也何如子曰赤也束帶立於朝可使與賓客言也[illegible]不知其仁也

[疏][illegible]

子謂子貢曰女與回也孰愈[illegible]對曰賜也何敢望回回也聞一以知十賜也聞一以知二子曰弗如也吾與女弗如也[illegible]

子貢不如復云吾與女俱不如者蓋欲以慰子貢也

疏子謂至如也○正義曰此章美顏回之德子謂子貢曰女與回也孰愈者愈猶勝也孔子乘間問弟子子貢曰女之才能與顏回誰勝對曰賜也何敢望回者望謂比視子貢稱名言賜也才劣何敢比視顏回也回也聞一以知十賜也聞一以知二者子貢更言不敢望回之事假設數名以明優劣一者數之始十者數之終顏回亞聖故聞始知終子貢識淺故聞一纔知二以明己與回十分及二是其懸殊也子曰弗如也吾與女弗如也者夫子見子貢之荅識有懸殊故云不如也弗者不之深也既然荅子貢不如又恐子貢慚愧故復云吾與女俱不如欲以安慰子貢之心使無慚也

宰予晝寢孔曰宰予弟子宰我子曰朽木不可雕也包曰朽腐也雕彫琢刻畫糞土之牆不可杇也王曰杇鏝也此二者以喻雖施功猶不成於予與何誅孔曰誅責也今我當何責於女乎深責之子曰始吾於人也聽其言而信其行今吾於人也聽其言而觀其行於予與改是孔曰改是聽言信行更察言觀行發於宰我之晝寢

疏宰予至汝是○正義曰此章勉人學也宰予晝寢者弟子宰我晝日寢寐也子曰朽木不可彫也糞土之牆不可杇也者此孔子責宰我之辭也朽腐也彫琢刻畫也杇鏝也言腐爛之木不可彫琢刻畫以成器物糞土之牆易爲壞不可杇鏝塗墁以成華美此二者以喻人之學道當輕尺璧而重寸陰今乃廢惰晝寢雖欲施功教之亦終無成也於予與何誅者誅責也與語辭言於宰予何足責乎謂不足可責乃是責之深也然宰我處四科而孔子深責者託之以設教畢宰我非實惰學之人也子曰始吾於人也聽其言而信其行今吾於人也聽其言而觀其行於予與改是者與亦語辭以宰予嘗謂夫子言已勤學今乃■是言與行違故孔子■之曰始前吾於人也■其所言即信其行以爲人皆言行相副今後吾於人也雖■其言更■其行待其相副然後信之因發於宰予晝寢言行相違改是■言信行更察言■行也○注包曰宰予弟子宰我○正義曰案史記弟子傳云宰予字子我鄭玄曰魯人也○注王曰杇■也○正義曰■宮云■謂之杇郭■云泥■也李巡曰■一名杇塗工之作具也然則杇是塗工之所用因謂泥■爲杇

子曰吾未見剛者或對曰申棖■包曰申棖魯人子曰棖也慾

焉得剛孔曰慾多情慾疏子曰至得剛○正義曰此章明剛也子曰吾未見剛者剛謂質直而理者也夫子以時皆柔佞故云吾未見剛者或對曰申棖者或人聞孔子之言乃對曰申棖性剛子曰棖也慾焉得剛者夫子謂或人言剛者質直寡欲今棖也多情慾情慾既多或私佞媚安得剛乎○註包曰申棖魯人○正義曰鄭云蓋孔子弟子申續史記云申棠字周家語云申續字周

子貢曰我不欲人之加諸我也吾亦欲無加諸人馬曰加陵也子曰賜也非爾所及也孔曰言不能止人使不加非義於己疏子貢至及也○正義曰此章明子貢之志子貢曰我不欲人之加諸我也吾亦欲無加諸人者加陵也諸於也子貢言我不欲他人以非義加陵於己吾亦欲無以非義加陵於人也子曰賜也非尔所及也者尔女也夫子言使人不加非義於己亦為难事故曰賜也此事非女所能及言不能止人使不加非義於己也

子貢曰夫子之文章可得而聞也章明也文彩形質著見可以耳目循夫子之言性與天道不可得而聞也性者人之所受以生也天道者元亨日新之道深微故不可得而聞也疏子貢至聞也○正義曰此章言夫子之道深微难知也子貢曰夫子之文章可得而聞也者章明也子貢言夫子之述作威儀礼法有文彩形質著明可以耳目視依循學習故可得而聞也夫子之言性與天道不可得而聞也者天之所命人所受以生是性也自然化育元亨日新是天道也与及也子貢言其夫子言天命之性及元亨日新之道其理深微故不可得而聞也○註性者至聞也○正義曰云性者人之所受以生也者中庸云天命之謂性註云天命謂天所命生人者也是謂性命木神則仁金神則義火神則礼水神則信土神則知孝經說曰性者生之質命人所稟受度也言人感自然而生有賢愚吉凶或仁或義若天之付命遣使之然其實自然天性故云性者人之所受以生也云天道者元亨日新之道者案易乾卦云乾元亨利貞文言曰元者善之長也亨者加之會也利者義之和也貞者事之幹也謂大之体性生養万物善之大者莫善施生元為善之宗故言元者善之長也加美也言天能通陽万物使物加美而會聚故云加之會也利者義之和也者言天能利益庶物使物各得其宜而和同也貞者事之幹者言天能以中正之氣成就万物使物皆得幹濟此明天之德也天本無心豈造元亨

利貞之德也天本無心豈造元亨利貞之名也但聖人以人事託之謂此自然之功爲天之四德也此但言元亨者略言之也天之爲道生生相續新新不停故曰日新也以其自然而然故謂之道云深微故不可得而聞也者言人稟自然之性及天之自然之道皆不知所以然而然是其理深微故不可得而聞也

子路有聞未之能行唯恐有聞孔曰前所聞未及行故恐後有聞不得並行也疏子路有聞未之能行唯恐有聞○正義曰此章言子路之志也子路於夫子之道前有所聞未能及行唯恐後有聞不得並行也

子貢問曰孔文子何以謂之文也孔曰孔文子衛大夫孔圉文謚也子曰敏而好學不恥下問是以謂之文也孔曰敏者識之疾也下問謂凡在已下者疏子貢至文也○正義曰此章言文爲美謚也子貢問曰孔文子何以謂之文也者言文子是謚之美者故問衛大夫孔圉有何善行而得謂之文也子曰敏而好學不恥下問是以謂之文也者此夫子爲子貢說孔文子之美行也敏者疾也下問問凡在已下者言文子知識敏疾而又好學有所未辨不羞恥於問已下之人有此美行是以謚謂之文也○註孔曰至謚也○正義曰云孔文子衛大夫孔圉者左傳文也云文謚也者案謚法云勤學好問曰文

子謂子產有君子之道四焉孔曰子產鄭大夫公孫僑其行己也恭其事上也敬其養民也惠其使民也義疏子謂至也義○正義曰此章美子產之德子謂子產有君子之道四焉者孔子評論鄭大夫子產事上使下有君子之道四焉下文是也其行己也恭者一也言己之所行常能恭順不違忤於物也其事上也敬者二也言承事在己上之人及君親則忠孝而復加謹敬也其養民也惠者三也言愛養於民振之贍無以恩惠也其使民也義者四也義宜也言役使下民皆於禮法得宜不妨農也○註孔曰至孫僑○正義曰案左傳云鄭穆公之孫公子發之子名僑公子之子稱公孫襄三十年執鄭國之政故云鄭大夫公孫僑也公子發字子國公孫之子以王父字爲氏據後而言故後或謂之國僑

子曰晏平仲善與人交久而敬之周曰齊大夫晏姓平謚名嬰疏子曰晏平仲善與人交久而敬之○正義曰此章言齊大夫晏平仲之德凡人輕交易絕平仲則久而愈敬所以爲善○

註周曰至名嬰○正義曰云齊大夫晏姓平謚名嬰者案左傳文知之是晏桓子之子也謚法治而清省曰平

子曰臧文仲居蔡包曰臧文中魯大夫臧孫辰文謚也蔡國君之守龜出蔡地因以爲名焉長尺有二寸居蔡僭也山節藻棁包曰節者栭也刻鏤爲山棁者梁上楹畫爲藻文言其奢侈何如其知也孔曰非時人謂之爲知

【疏】子曰至知也○正義曰此章明臧文仲不知也子曰臧文仲居蔡者蔡國君之守龜名也而魯大夫臧文仲居守之言其僭也山節者節栭也刻鏤爲山形故云山節也藻棁者藻水草有文者也棁梁上短柱也畫爲藻文故云藻棁此言其奢侈也何如其知也者言僭奢若此是不知也所以非時人謂之爲知○註包曰至僭也○正義曰云臧文仲魯大夫臧孫辰者案世本孝公生僖伯彄彄生哀伯達達生伯氏缾缾生文仲辰則辰是公子彄曾孫也彄字子臧公孫之子以王父字爲氏故謚曰臧也云文謚也者謚法云道德博厚曰文云蔡國君之守龜出蔡地因以爲名焉長尺有二寸居蔡僭也者漢書食貨志云元龜爲蔡家語稱漆彫平對孔子云臧氏有守龜其名曰蔡文仲三年而爲一兆武仲三年而爲二兆是大蔡爲大龜蔡是龜之名耳鄭玄包咸皆云出蔡地因以爲名未知孰是食貨志云龜不盈尺不得爲寶故知此龜長尺二寸此國君之守龜臧氏爲大夫而居之故云僭也○註包曰至奢侈○正義曰云節者栭也者釋宮文云刻鏤爲山棁者梁上楹畫爲藻文者釋宮云杗廇謂之梁其上楹謂之棁栭謂之楶郭璞曰棁侏儒柱也楶即櫨也此言山節者謂刻鏤柱頭爲斗栱形如山也藻棁者謂畫梁上短柱爲藻文也此是天子廟飾而文仲僭爲之故言其奢侈文二年左傳仲尼謂之作虛器言有其器而無其位故曰虛也

子張問曰令尹子文孔曰令尹子文楚大夫姓鬬名穀字於菟三仕爲令尹無喜色三已之無慍色舊令尹之政必以告新令尹何如子曰忠矣曰仁矣乎曰未知焉得仁但聞其忠事未知其仁也崔子弑齊君陳文子有馬十乘棄而違之孔曰皆齊大夫崔杼作亂陳文子惡之捐其四十匹馬違而去之至於他邦則曰猶吾大夫崔子也違之之一邦則又曰猶吾

大夫崔子也違之何如子曰清矣曰仁矣乎曰
未知焉得仁孔曰文子辟惡逆去無道求有道當春秋時臣陵其君皆如崔子無有可止者疏
子張至得仁○正義曰此章明仁之難成也子張問曰令尹
子文三仕爲令尹無喜色三已之無慍色舊令尹之政必以
告新令尹何如者弟子子張問於孔子曰楚大夫令尹子文
三被任用仕爲令尹之官而無喜見於顏色三被已退無慍
懟之色舊令尹之政令規矩必以告新令尹慮其未曉也子
文有此美行子張疑可謂仁故問曰何如子曰忠矣者孔子
荅之爲行如此是忠臣也曰仁矣乎者子張復問子文此德
可謂仁矣乎曰未知焉得仁者孔子荅言如其所說但聞其
忠事未知其仁也崔子弑齊君陳文子有馬十乘棄而違之
至於他邦則曰猶吾大夫崔子也違之之一邦則又曰猶吾
大夫崔子也違之何如者此子張又舉齊大夫陳文子之行
而問孔子也崔子崔杼也爲齊大夫作亂弑其君光陳文子
惡之故家雖富有馬十乘謂四十匹也而輕捐棄違去之至
於他國亦遇其亂陳文子則曰猶吾齊大夫崔子也而違去
之復往一他邦則又曰猶吾齊大夫崔子也而違去之爲行
若此其人何如子曰清矣者孔子荅言文子辟惡逆去無道

求有道當春秋時臣陵其君皆如崔子無可止者可謂清絜
矣曰仁矣乎者子張意其爲仁故復問之曰可以爲仁矣乎
曰未知焉得仁者孔子荅言據其所聞但是清耳未知他行
安得仁乎○註孔曰至於菟○正義曰案宣四年左傳云初
若敖娶於䢵生鬬伯比若敖卒從其母畜於䢵淫於䢵子之
女生子文焉䢵夫人使棄諸夢中虎乳之䢵子田見之懼而
歸夫人以告遂使收之楚人謂乳穀謂虎於菟故命之曰鬬
穀於菟實爲令尹子文是也令尹宰也周禮六卿太宰爲長
遂以宰爲上卿之號楚臣令尹爲長從他國之言或亦謂之
宰宣十二年左傳云蔿敖爲宰是也令善也尹正也言用善
人正此官也楚官多以尹爲名皆取其正直也○註孔曰至
去之○正義曰皆齊大夫者並是春秋故知之○云崔杼作
亂者左襄二十五年云四十匹馬者古以四馬共
駕一車因謂四匹爲乘經言十乘故知四十匹也季文子
三思而後行子聞之曰再斯可矣鄭曰季文子魯大夫季孫行父
文謚也文子忠而有賢行其舉事寡過不必乃三思疏季文子三思而後行子聞之
曰再斯可矣○正義曰此章美魯大夫季文子之德文子忠而有賢行其舉事皆三思之
然後乃行常寡過咎孔子聞之曰不必乃三思但再思之斯

大夫崔子也違之何如子曰清矣曰仁矣乎曰

未知焉得仁

季文子三思而後行子聞之曰再斯可矣

斯可矣○註鄭曰至三思○正義曰案春秋文六年經書季孫行父如晉左傳曰季文子將聘於晉使求遭喪之礼以行其人曰將焉用之文子曰備豫不虞古之善教也求而無之實難過求何害杜預云所謂文子三思故知文子魯大夫季孫行父也謚法云道德博厚曰文

子曰甯武子馬曰衛大夫甯俞武謚也邦有道則知邦無道則愚其知可及也其愚不可及也孔曰佯愚似實故曰不可及也

疏 子曰至及也○正義曰此章美衛大夫甯武子之德也邦有道則知邦無道則愚者此其德也若遇邦國有道則顯其知謀若遇無道則韜藏其知而佯愚其知可及也其愚不可及也者言有道則知人或可及佯愚似實不可及也○註馬曰衛大夫甯俞武謚也○正義曰案春秋文四年衛侯使甯俞來聘左傳曰衛甯武子來聘公與之宴為賦湛露及彤弓不辭又不荅賦使行人私焉對曰臣以為肄業及之也杜元凱註云此其愚不可及也是甯武子即甯俞也謚法云剛彊直理曰武

子在陳曰歸與歸與吾黨之小子狂簡斐然成章不知所以裁之孔曰簡大也孔子在陳思歸欲去故曰吾黨之小子狂簡者進取於大道妄作穿鑿以成文章不知所以裁制我當歸以裁之耳遂歸

疏 子在陳曰歸與歸與吾黨之小子狂簡斐然成章不知所以裁之○正義曰此章孔子在陳既久言其欲歸之意也與語辭再言歸與者思歸之深也在者進取也簡大也斐然文章貌言我所以歸者以吾鄉黨之中末學之小子等進取大道妄作穿鑿斐然而成文章不知所以裁制故我當歸以裁之耳遂歸也不即歸而言此者恐人怪已故託此為辭耳

子曰伯夷叔齊不念舊惡怨是用希孔曰伯夷叔齊孤竹君之二子孤竹國名

疏 子曰伯夷叔齊不念舊惡怨是用希○正義曰此章美伯夷叔齊二人之行不念舊時之惡而欲報復故希為人所怨恨也○註伯夷叔齊孤竹君之二子孤竹國名○正義曰案春秋少陽篇伯夷姓墨名允字公信伯長也夷謚叔齊名智字公達伯夷之弟齊亦謚也太史公曰伯夷叔齊孤竹君之二子也父欲立叔齊及父卒叔齊讓伯夷伯夷曰父命也遂逃去叔齊亦不肯立而逃之國人立其中子於是伯夷叔齊聞西伯昌善養老盍往歸焉及至西伯卒武王載木主號為文王東伐紂伯夷叔齊叩馬而諫曰父死不葬爰及干戈可謂孝乎以臣弑君可謂仁乎左

子曰甯武子邦有道則知邦無道則愚其知可及也其愚不可及也

子在陳曰歸與歸與吾黨之小子狂簡斐然成章不知所以裁之

子曰伯夷叔齊不念舊惡怨是用希

右欲兵之太公曰此義人也扶而去之武王已平殷亂天下宗周而伯夷叔齊恥之義不食周粟隱於首陽山采薇而食之及餓且死者是也孤竹在方之遠國名地理志遼西令支有孤竹城應劭曰故伯夷國

子曰孰謂微生高直孔曰微生姓名高魯人也或乞醯焉乞諸其鄰而與之孔曰乞之四鄰以應求者用意委曲非爲直人

疏子曰至與之○正義曰此章明直者不應委曲也孰謂微生高直者孰誰也孔子曰誰言魯人微生高性行正直或乞醯焉乞諸其鄰而與之者此孔子言其不直之事醯醋也或有一人就微生乞醯時自無之即可答云無高乃乞之其四鄰以應求者用意委曲非爲直人也

子曰巧言令色足恭孔曰足恭便僻貌左丘明恥之丘亦恥之孔曰左丘明魯太史匿怨而友其人孔曰心內相怨而外詐親左丘明恥之丘亦恥之

疏子曰至恥之○正義曰此章言魯太史左丘明與聖同恥之事巧言令色足恭者以爲巧好言語令善顏色便僻其足以爲恭謂前卻俯仰足爲恭也一曰足將樹切足成也謂巧言令色以成其恭

媚於人也左丘明恥之丘亦恥之者左丘明魯太史受經於仲尼者也恥此諸事不爲適合孔子之意畫云之匿怨而友其人者友親也匿隱也言心內隱其怨而外貌詐相親友也左丘明恥之丘亦恥之者亦俱恥之○註孔曰足恭便僻貌○正義曰此讀足如字便僻盤辟其足以爲恭也○註左丘明魯太史○正義曰案漢書藝文志文者也

顏淵季路侍子曰盍各言爾志子路曰願車馬衣輕裘與朋友共敝之而無憾孔曰憾恨也顏淵曰願無伐善孔曰不自稱己之善無施勞孔曰不以勞事置施於人子路曰願聞子之志子曰老者安之朋友信之少者懷之孔曰懷歸也

疏顏淵至懷之○正義曰此章仲尼顏淵季路各言其志也顏淵季路侍者二弟子侍孔子也卑在尊旁曰侍子曰盍各言爾志者盍何不也夫子謂二弟子曰何不各言汝心中之所志也子路曰願車馬衣輕裘與朋友共敝之而無憾者裘以輕者爲美言願以己之車馬衣裘與朋友共乘服而

敝之而無憾也此重義輕財之志也顏淵曰願無伐善無施勞者誇功曰伐言願不自稱伐己之善不置施勞役之事於人也此仁人之志也子路曰願聞子之志者二子各言其志畢子路復問夫子曰願聞子之志古者稱師曰子子曰老者安之朋友信之少者懷之者此夫子之志也懷歸也言己願老者安己事之以孝敬也朋友信己待之以不欺也少者歸己施之以恩惠也

子曰已矣乎吾未見能見其過而內自訟者也包曰訟猶責也言人有過莫能自責疏子曰已矣乎吾未見能見其過而內自訟者也○正義曰此章疾時人有過莫能自責也訟猶責也已終也吾未見有人能自見其已過而內自責者也言將終不復見故云已矣乎

子曰十室之邑必有忠信如丘者焉不如丘之好學也疏子曰十室之邑必有忠信如丘者焉不如丘之好學也○正義曰此章夫子言已勸學也十室之邑邑之小者也其邑雖小亦不誣之[illegible]有忠信如我者焉但不如我之好學不厭也衛瓘讀焉於[illegible]下句首焉猶安也言十室之邑雖小必有忠信如我者也安不如我之好學也言亦不如我之好學也義並得通故具存焉

論語註疏解經卷第五